MW01599803

远方

远志明 著

神州传播协会

远方

著作者　　　远志明
排版设计　　黄璐
出版发行　　神州传播协会
　　　　　　P.O.Box 1600, Rohnert Park,CA 94927, USA
　　　　　　电话：1（707）585-9588
　　　　　　传真：1（707）585-9581
　　　　　　电邮：info@chinasoul.org
　　　　　　网址：www.chinasoul.org

承印　　　　MI Design Limited
　　　　　　地址：北角英皇道338号华懋交易广场二期2104室
　　　　　　网址：www.midesign.com.hk
版次　　　　二零一五年十月第一版©神州传播协会

版权所有，请勿翻印

国际统一书号： 1-931966-60-5
美国国会图书馆分类编号：2015948051

Far Away
by Yuan Zhiming
Published by China Soul for Christ Foundation
P.O.Box 1600, Rohnert Park,CA 94927,USA
Copyright 2015

ISBN: 1-931966-60-5
Library of Congress Catalog Card Number: 2015948051

目　录

第一部分　微博

第二部分　杂感

目 录

第三部分 文论

目　录

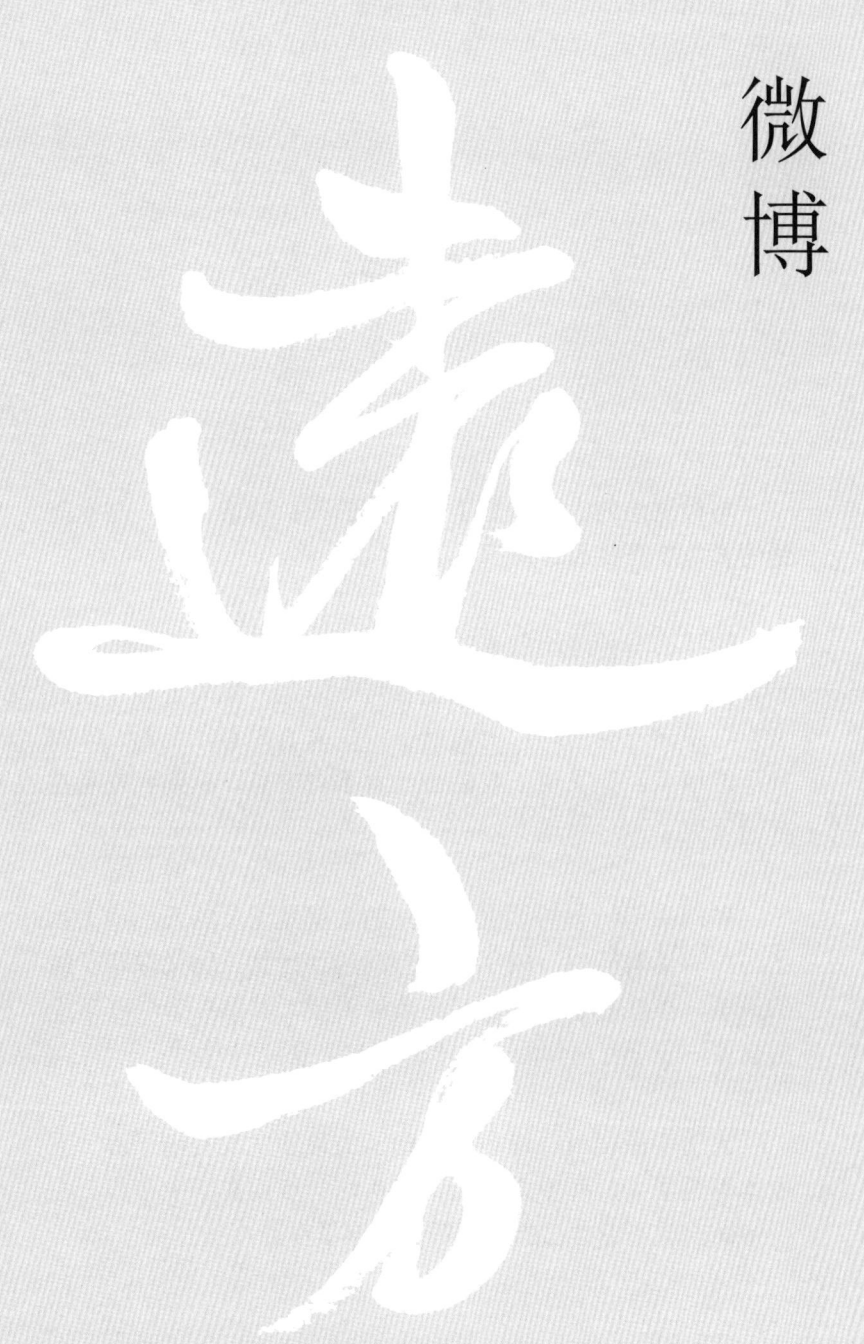

微博

远方

隔绝

———

与神隔绝的人并非是不需要神的人；恰恰相反，与水隔绝的人是最需要水的人。

为什么与神隔绝的人，容易产生荒诞感、空虚感、飘泊感、绝望感等等？为什么电脑若与人隔绝，就失去存在的意义？这是同一类问题。奥古斯丁说，人心中有一个洞，非得神不能填满。他又说，我的心一直不得安息，直到我安息在神的怀里。

如同关闭状态的手机，无神的人就是无灵的人。他失去了与神对话的能力，成了一个空洞的存在物。他又像断了线的风筝，虽然有翅膀，也有飞翔的渴望，却消失于一阵落地的仓惶——没有信仰的一生不就是一阵仓惶吗？

人生就像爬山，许多人爬到了山顶才发现爬错了山。人原本都是罪人，许多人因为不承认这一点而在罪中挣扎。在上帝面前放不下自己的人，等于放弃了自己。

天父上帝啊，不是空气，是你的奇妙包围着我们。不是太阳，是你的目光注视着我们。不是大地，是你的信实擎托着我们。不是星空，是你的公义笼罩着我们。

儿时的夏夜，仰在麦场上，听老爷爷讲星星的故事。今天想来，耐人寻味的，倒不是那时候天空的神秘，而是那种对神秘的欣赏、陶醉、享受——人可以这样做，不是一个大奥秘吗？不是造物主预定了吗？不然，遥远的星河为什么与我发生这种美妙的心灵关系呢？

我若不知道我活着的意义，我怎么能活得有意义呢？但谁能告诉我活着的意义呢？谁能告诉汽车它存在的意义呢？想来想去，只有那创造我、让我活着的造物主知道！

上帝既是照着自己的形像造人，目的就是叫人活出他的形像来。所以他说：凡称为我名下的人，是我为自己的荣耀创造的，好述说我的美德。你们是我的见证，我是你们的上帝。（创世纪1章；以赛亚书43章）

世界是被故事充满的。高速公路上跑的不是汽车是故事。驾车人在车里打电话，电话里就是故事。他听广播，广播里就是故事。他凝视前方的眼光里，就是故事。

有人问布道家慕迪：要跟从主，非得撇弃世界不可吗？慕迪答：如果你真心跟从主，世界会自动撇弃你。

你每一次转身离开罪，都会看见神的笑脸相迎。你每逃避一次诱惑，神必赐你一份尊贵。你每离开不义一步，神就向你走近一步。

最了解你弱点的，不是你的朋友而是你的敌人。喜欢窥伺你隐私的，不是天使是魔鬼。但你若信靠上帝，敌人就是促使你越来越强大的"朋友"，魔鬼就是迫使你越来越光明的"天使"。

来华传教士戴德生的曾祖父戴雅各，传福音时，常被人投碎石、干粪。有一次讲道时，一妇人拿黑锅底从后面擦他的新大衣。戴雅各转过身来，笑着对她说：如果你喜欢这样做，可以再擦这一面。

我的神，你真是我的生命之气。只要静静地呼吸你，我的心便清醒，我的灵便欢悦，我的肉身也安然居住。噢，原来才思、激情和睿智，连同仁爱、喜乐等美德，都一同在你里面。

谋求容易败坏的财富，以此为盼望，是虚空。希冀功名，贪图权势高位，也是虚空。随从肉体的情欲，招致日后重罚，是虚空。爱慕那转瞬即逝的，不寻求永恒之所在，也是虚空。（《遵主圣范》）

即使一个无神论者也不难想像：宇宙如果有神，一定不会是人找到他，而是他找到人；一定不是人先认识他，而是他先认识人；一定不是人教导他，而是他启示人。

各个民族风闻他的名字，各种文化绰绰有他的影子。深邃的苍穹彷佛在昼夜宣告他，惶惑的人心彷佛在时刻等候他。智者揣摩他，科学追寻他；无论是往小处分解物质，往大处探索宇宙，往深处考究规律，其实都是在追寻他。

问：我不想永生，只想得到心灵的解脱，怎么办？答：你不能说，我不渴慕远方的太阳，只祈求眼前有一片亮光。你也不能说，我不在乎天空有没有云，只希望有雨降下。只有在永生里，今生才有解脱。没有大光，人心才幽暗；没有大能，人心才脆弱；没有大爱，人心才郁闷和纠结。

相信宇宙只是物质没有上帝、人只是肉身没有灵魂、历史只是无情竞争没有善恶赏罚，在这样一种功利主义、随机主义的观念下，人们怎么能洁身自好、忏悔自新、恪守神圣价值准则呢？俄国作家托思妥耶夫斯基说得不错：假如没有上帝，我就什么都可以做。

主啊，求你给我能力，同时给我谦卑。求你使我刚强，同时使我谨守。求你赐我恩典，同时赐我警醒。求你给我真理，同时使我温柔。

最高级、最值得学习的功课，是轻看自己。发现自己的无用和别人的美善，这是伟大而完全的智慧。你虽然看见别人作极恶的事，仍不可认为你比他好，因为你不知道自己站

立得稳能到几时。人都是软弱的，但你不能以为任何人比你
更软弱。（《遵主圣范》）

基督徒会有不一样的观点，但有一样的宽容；不一样的
性格，一样的生命；不一样的过去，一样的未来。反抗罗马
的奋锐党人西门和服务罗马的税吏马太一起做耶稣的门徒。
因为他们都重生了。什么树结什么果子，基督徒是看得出来
的：仁爱、喜乐、和平、忍耐、恩慈....

虚心的人有福了，因为天国是他们的（马太福音
5:3）。真正的虚心，不是说声 I'm sorry，而是发现 I'm a
sinner。不是责骂自己好笨，而是发现自己很坏。不是知道
自己不行，而是发现自己不配。不是承认自己学识浅薄，而
是发现自己心灵贫穷。不是觉得自己已经很谦卑，而是发现
自己依然很骄傲。

神之为神，就是要做人做不了的事，做出人意料的事，
做叫人喊"哈利路亚"的事！他赐给你胜过一切的信心。他
为你重塑一个崭新的生命。他拓宽你每一天的心胸。他提升
你一生的境界。他将不息的平安放在你里面。他伴随你出你
入、你行你止。不管是风是雨、是死是生，他是你不灭的盼
望。

姚明在海南博鳌"经济转型期青年人的困境和超越"主
题发言：当我拿到第一张NBA10万美元的支票时，我确实很幸
福。但是幸福之后，你会有无止境的欲望。信仰是我们现在

缺失的东西。信仰中包含道德。在某个时候，我需要某些依
靠。但是在我的文化背景里找不到。

　　黄河一直以为，她的故乡是黄土高原和日夜拥抱着她的
黄土地。后来她发现自己的故乡是大海，那一刻，浩瀚的蔚
蓝色令她激动不已。在一个阳光明媚的日子，海牵着她的手
来到天的脚下，说：你看，这才是咱们的故乡，蔚蓝色的源
头。

　　到底是宇宙伟大，还是那使宇宙从无到有的神伟大呢？
到底是大自然实在，还是那造化大自然的神实在呢？到底是
人智慧，还是使人活着并寻求他的神智慧呢？

　　神对我说：我是风背后的风，雨背后的雨。光背后的
光，存在背后的存在。我是你心中的心，你灵中的灵。你意
念中的意念，你生命中的生命。

　　阳光空气是不分民族的。十字架是不带国籍的。爱是没
有国界的。人作为人都是一样有苦难一样有无奈，一样求善
一样受罪，一样求生一样必死。所以人是作为人一样被上帝
关注和拯救的。

　　中文"神"字包含着神秘、神奇、神圣等神性内涵。没
人敢说宇宙一点神性内涵也没有，但不少人试图破除它的神
性内涵。他们希望像解几何题一样，破解神的神秘、神奇、
神圣，然后才肯相信。他们从来不去想，没了神性内涵的东

西还是神吗？还值得人信靠吗？

　　一切事情，你都要考虑到结局，那就是：你最终不能不面对上帝。那里没有隐藏的事。他不会被你的财富所动，也不会听你的推诿申辩，只是按公义审判你。你这又可怜又愚笨的人啊，人的怒容你尚且惊惧，何况面对那知道你一切丑行和罪念的上帝呢？你为何不早做预备，好叫你在审判日站立得稳呢？（《遵主圣范》）

　　美国第六任总统亚当斯（ John Adams ）说：世界上没有任何一个政府，权力可以大到令人行善。行善必须发自内心。再完备的法律也不能代替上帝来掌管人心。坦率地说，民主自由法制的美好境界，只有敬神、认罪、崇爱、向善的人们才配享受。这是上帝要我们传福音、信福音的美意之一。

　　基督降世为人，为要救人，不是救国。在上帝的眼里，一个真实的灵魂远比一部国家机器更宝贵。当年强大的罗马帝国哪里去了？可当年在角斗场上被狮子撕裂的一个无名基督徒，灵魂归向上帝，至今依然活着。

　　假如耶稣没有复活，我们所信的就是枉然；假如耶稣复活了，不信，就是人生最大的遗憾。假如耶稣没有复活，基督教就是一种谎言；假如耶稣复活了，世界就是一具死尸。假如耶稣没有复活，人类就一起死亡；如今耶稣复活了，信他的人就有盼望。

一个谦卑事奉上帝的农夫，强于一个能谈古论今却不认识上帝的骄傲学者。真了解自己的人，必以自己为卑贱，且不喜欢人的夸奖。许多有知识的人却很愿意显露自己，喜欢让人称自己有知识。但是他们的知识在一些最重要的事上，比如对于灵魂，少有或全无益处。（《遵主圣范》）

启示与学问的路子正好相反。学问是无知的求问知道的，启示则是知道的启发无知的。学问摆明了，人人可学；启示是内含的，并非人人能懂。积学问是一种填充，得启示是一种掏空。大学问在于才，大启示在于灵。有大学问的，会显露自己；得大启示的，会隐藏自己。正所谓：为学日益，为道日损。

神允许他珍爱的人跌倒，是要叫他知道他也是一个会跌倒的人。神允许他重用的人失败，是要叫他知道他也是一个会失败的人。神将一根刺放在保罗身上，是要叫他知道他也是一个人。神将苦难放在他的儿女们身上，是要叫他们知道这世界不是他们的家。神允许一切难事临到，是为叫儿女们仰望他，由他胜过一切。

孙中山说：政教分立，几为近世文明国之公例，盖分立则信教传教皆得自由，不特政治上少纷扰之原因，且使教会得发挥其真美之宗旨。孙中山于1925年2月22日病逝北京，他在遗训中说：我本是基督徒，与魔鬼奋斗四十年，尔等亦当如是奋斗，更当信上帝。又说：我死了也要人知道我是一个基督徒。

人都有罪，只是分成三种：第一种不承认自己有罪，活在罪中而不自知，是自以为义的罪人。第二种承认自己有罪，却以为靠自我修炼可以超脱，结果是身不由己，成为无可奈何的罪人。第三种不仅承认自己有罪，且承认自己无助，而信靠上帝，成为蒙恩的罪人。

在永恒上帝眼里，世上都是死人，只是分两类：一类是正在死去的人，一类是已经死去的人。英文很简单，一类是死加ing（dying），一类是死加ed(died)。 所以耶稣说：让死人去埋葬他们的死人，你来跟从我！意思是：你已经是个活人。

有人说，找"好人"要去监狱，因为那里人人喊冤；找"坏人"要去教会，因为那里人人认罪。诚然每个人身上都有好坏两方面，但个人如何看待自己，结果大不一样。只看见自己好的，容易向坏处长；能看见自己坏的，可以往好处长。真有自知之明者，不枉谈自知。

真正感到无助的人，必会得到神的怜悯。真正感到负罪的人，必会得到神的赦免。绝望是生命得救的良药。人的尽头是神的开头。不得不舍弃自己的，必有幸发现神正抱着自己。

当你说，我的上帝，请你帮助我，成全我的计划；上帝对你说，孩子，我会将你放入我的计划里。当你说，上帝啊，求你站在我一边；他说，孩子，你要站在我一边。

当你柔弱得像水一样时，你就坚强得像水一样了。当你彻底的放弃时，你就彻底的得到了。当你轻看所有的知识时，你就望见真正的智慧了。当你的心静到彷佛不存在时，它就包容了一切的存在。当你真正恨恶自己时，你就学会了爱惜自己。当你为什么而羞愧时，你就因什么而受益了。

能记住最悲哀的日子，就是喜乐。能记住最绝望的时刻，就是希望。能记住最软弱的时候，就是坚强。

在我前进的每一步，上帝都提醒我：这是一个罪人的世界，你要警觉，时刻准备好一颗受苦受难的心。

以悲哀（这个世界本是值得悲哀的）为底色，涂抹上清湛和喜乐，这就是谦卑。

遥远的太阳，投来近在咫尺的身影；看不见的上帝，是一切可见之物的原因。漫步在阳光下的海滩，我注意到上帝无形的眼睛正看着我，便问：上帝啊，我走在您的目光下，是否也行在您的心意中？

一个基督徒是：一个自由的跳跃，一个精神的升腾，一个悔改的罪人，一个智慧的开端，一个宽恕的海洋，一个世俗的敌人，一个奉献的活祭，一个永恒的此时。

神对我说：我儿，你要爱人，却不可效法人；唯有耶稣，你要爱，也要效法。你要尊重人，却不可依赖人；唯有耶稣，你当尊重，也当依赖。

　　我越来越发现，自己被派到这个世上，不是来享受这个世界，而是来战胜这个世界。爱我的神时时、事事、处处用看不见的手摆下阵地，不许我与这个世界妥协。他让我在争战的伤痛中依偎他，在仇敌的围困中呼叫他，在浓臭得令人窒息的俗气中思念他。爱我的神对我说：你面朝着我，世界就在你屁股后头望尘莫及了；你把自己完全交给我，我就用你战胜了世界。

耶稣

跟从我的，就不在黑暗里走（约翰福音8:12）。这是基督的话。他在勉励我们，如果愿意得着光明，消散内心的愚盲，就必须效法他的生活和品性。因此我们最大的急务，就是品味耶稣的生命。（《遵主圣范》）

《竭诚为主》的作者章伯斯说，人生真正重要的问题原本极少，这些问题都在耶稣"到我这里来"这句话里得了答案：不是你们要做这个，不做那个，乃是你们要到我这里来！

阅读耶稣的生平，咀嚼耶稣的话语，体会耶稣的神迹，置身耶稣的大能，效法耶稣的为人，默想耶稣的音容，进入耶稣的生命，领受耶稣的大爱，呼吸耶稣的气息，跟随耶稣的脚踪。

耶稣使神不再遥不可及，他有形有体、有情有义地住在我们中间。在他奇妙的降生和非凡的复活中，我们看见了神的荣耀。在他的言行举止中，我们感受到神的真实。在对他不断增加的认知和信心中，我们汲取着神圣的力量。神在耶稣里成为人的朋友。这是一个大奥秘，有幸走进这个奥秘的人，会发现自己活了。

他诞生的那一天叫圣诞。他诞生的那一年叫公元。过去各国用帝王名号，如万历十五年、明治十八年，如今都用耶稣的名号，如公元2015年。钉死耶稣的十字架，从一个残酷的杀人刑具，变成一个吉祥的象征。治病救人的中国医院、人道和平的国际红十字会，都以它为标志。一些善良虔诚的人也把它挂在颈项上。

他不是哲学家，他甚至没有一点学历，但是许多令人崇敬的大思想家拜倒在他脚下：奥古斯丁、阿奎那、培根、笛卡儿、斯宾诺莎、莱布尼茨、帕斯卡尔、孟德斯鸠、黑格尔、汤因比等等。

他不是艺术家，他淳朴的不能再淳朴，但是一大批出类拔萃的文学艺术家追随他：米开朗基罗、达芬奇、罗丹、巴赫、贝多芬、柏拉姆斯、亨德尔、雨果、托尔斯泰、托斯妥耶夫斯基等。

他传道时没有枕头的地方，但如今敬拜他的殿堂，林立于世界每一个角落。 他在世时没有远离过家乡，但如今他的足迹几乎遍及全球每一片土地。他身边没有一兵一卒，却叫征服者被征服，叫统治者被统治，令罗马帝国失威，令拿破仑惊叹。他的人生只有33年，但他离世后比他在世时更有权柄、荣耀和能力。

他没有进过学堂，但剑桥、牛津、哈佛、耶鲁、普林斯顿等世界著名大学，都是由他的信徒们建立。他被世人憎恨与遗弃，但是他的教会，给世界带来了孤儿院、残疾院和养老院等各类慈善机构。

人看不见测不透的神，成了这样一个人：当你还在怀疑他的时候，他已经通过影响你所居住的这个世界影响着你——哪一个当代人能说自己与他毫无关系呢？当你还不认识他的时候，他已经在前面的路径上等候着你——哪一个活着的人敢说自己永远不会遇到他呢？

什么是真爱？有一个村子不接待耶稣，雅各和约翰说，主啊，你要我们吩咐天火降下来烧灭他们吗？耶稣说：你们的心如何，你们不知道！我不是来灭人的性命，而是来救人的性命。说着就往别的村庄去了。真爱不会因为被拒绝而改变。

真爱不会因为你不可爱而改变。当耶稣叫瞎子看见、瘫子行走、死人复活的时候，犹太人欢呼拥戴他作王。当耶稣被捆绑、鞭打、审判的时候，犹太人把他送上十字架。但耶稣对他们的爱是一样的：我多次愿意聚集你们，象母鸡把小鸡聚集在翅膀底下，只是你们不愿意。

真爱不会因为你不爱我而改变。耶稣说，如果你只爱那爱你的人，有什么可奖赏的呢？就是税吏（汉奸）不也是这样吗？如果你只向你的弟兄请安，算得上什么美德呢？就是不信上帝的人不也是这样吗？所以你们要完全，像你们的天父完全一样。

真爱不会因为你贫穷而改变。耶稣说，主的灵在我身上，叫我传福音给贫穷的人。你们贫穷的人有福了，因为上帝的国是你们的。又说，若有人渴了，你给他水喝，就是给我水喝；若有人饿了，你给他吃的，就是给我吃的。

真爱不会因为恨而改变。耶稣在十字架上，为无缘无故恨他杀他的人祷告说：父啊，赦免他们，因为他们所做的，他们不晓得。此话何以撼千古？你爱他，他爱你；你恨他，他爱你；你杀他，他依然爱你！真爱如此美善，竟可以理解恨：你之所以恨我，是因为你不晓得我是何等爱你！

真爱不会因为罪而改变。犹太人将一个淫妇押到耶稣面前，要遵循诫命砸死她。耶稣说，你们中间谁没有罪，就可以扔第一块石头。他们从老到少一个个出去了。耶稣对妇人说，我也不定你的罪，去吧，以后不要再犯罪了。人们冠冕堂皇的道德在耶稣的真爱面前，竟然成了破烂不堪的衣裳。

真爱不会因为背叛而改变。在耶稣被捕后，彼得曾三次说自己不认识耶稣。耶稣复活后没有责备他，只是三次问他：你爱我吗？彼得悔改了，神的爱更浓。我曾问基督徒们，如果出卖耶稣的犹大也流泪悔改，耶稣会赦免他吗？大家基于对耶稣真爱的了解，一致回答：一定会！

　　当你带着爱意去看别人时，你是幸福的。当你决定去祝福别人时，你已经被祝福了，因为你的心已被祝福充满。当你愿意去爱时，你已经被爱了，因为你的心已被爱充满。同理，你对人苛刻就是对己苛刻，你恨恶人就是恨恶己，因为你怎样待人，你的心先已成为怎样。耶稣说，你们用什么量器给人，就用什么量器给你们。

　　世人拒绝他，他依然爱他们。同胞误解他，他依然爱他们。门徒离弃他，他依然爱他们。人们凌辱杀害他，他依然爱他们。一个像阳光一样照好人也照歹人的生命，一种像雨水一样给义人也给罪人的恩典，耶稣，正如他指证的大自然一样，无条件地将自己献给了人类。

　　他没有犯罪，却选择了受罚，这是为什么？他拥有真理，却选择了沉默，这是为什么？他掌握权能，却选择了屈辱，这是为什么？他是生命之主，却选择了死亡，这是为什么？这就是爱的力量，这就是唯一能胜过一切罪恶、苦难和死亡的方式：十字架！

　　耶稣，为什么这个名字在我口中比蜂蜜还甜？为什么这个名字在我心里比太阳还亮？是因为他年轻而圣洁的血流成了一条千古爱河吗？是因为他的卑微和柔弱竟然无坚不摧吗？是因为他像春风夏雨，又像秋阳冬雪，无时不在笑看着人生吗？因为他，上帝的儿子，是我的朋友！

我以澎湃的热血和燃烧的心颂咏你的名字，我朝着深邃的天空和广袤的大地呼唤你的名字。因为只要我一念及你，我的心就趋向无穷的宽大和茁壮，就使我从成败得失、七情六欲中，从一切的一切中升腾起来，顿觉人间没有什么大事，连生与死也是一件很小的事了！

耶稣的魅力，不是人的魅力，而是神的魅力：他用短短的一生，活出了只有神才能活出的阳光雨水一般的大爱。他用通俗的几百句话，说出了只有神才能说出的宇宙人生的真相。他用一个个神迹，行出了只有神才能行出来的超然大能。

耶稣在安息日治病，犹太人指责他违反十诫。耶稣说：伪善的人啊，难道你们在安息日不解开槽上的牛和驴牵去饮吗？安息日是为人设立的，人不是为安息日设立的。这句话神圣极了：人是目的，不是任何律法和宗教的工具！上帝对人的爱，是一个从天而降、超越人间一切之上、上帝亲自护卫的至高法则。

深夜仰卧在床上，翻腾的意念不可抑止。我轻呼一声，耶稣便悄悄踏过了我，我顿时一片安宁了：我感到他衣衫褴褛却气势磅礴地踏过来，脚步像风一样覆盖了我的身心，那谦和就慰平了我，那荣光就慑服了我，那温情就融化了我，那生命就安息了我。

我所有的重担都是从世界来的，我所有的喜乐都是从上帝来的。当我把所有的重担交托给上帝，上帝所赐的喜乐将淹没这个世界。

活在罪中，没有一次快乐是白白得的，不止于随之而来的痛苦。住在神里，没有一次痛苦是白白受的，不引到出人意料的喜乐。

注目于神，神清气爽；注目于人，心烦意乱。思念高天之神，似空虚，得充实；思念地上事务，似充实，得空虚。

上帝啊，你的生命无穷无尽，是真正的生命；人的生命转瞬即逝，不是真正的生命。你的智慧无形无踪，是真正的智慧；人的智慧招摇过市，不是真正的智慧。我父啊，我的一生是你的一个意念。在你如风的意念里，我消失了自己。哦，是你的意念，我随风飘逝，任天地剥夺，任人人宰割。

父亲的背影渐渐远去，在苍茫的时空中，越来越像一个瞬间了。我知道我也是一个瞬间，一个将要渐渐消失的背影。可是，为什么这个瞬间却升出无穷无尽的永远，长途跋涉去拥抱另一个世界的另一个瞬间，彷佛日夜兼程奔向另一个星系的另一颗小星？天父啊，请你告诉我。

人无论走到何方，住在何处，若不归向上帝，就是可怜的。许多人说：你看某人生活多好，多么富足、有势力！但你一旦尝到上帝的恩宠，就知道这些事都没什么价值：它们既不可靠，也很累人，无一不带来操劳惊恐。人的幸福并不

取决于今生的盈溢。今生若够用，就应该知足了。（《遵主圣范》）

我主啊，既然你已将异象给了我，要我去实行，我哪有胆量不一口承担？哪有理由不欢欣鼓舞？哪有必要留恋俗人的一切！神啊，你若要我死，我也是要死的；如今你要我活，活在你那里，我又能说什么呢？

你曾劝慰我，痛苦、愤怒、悲伤、无奈，时间的流水会慢慢冲刷消淡。我曾告诉你，痛苦、愤怒、悲伤、无奈太深太浓，时间的长河也被染得苦涩难捱。那时你对我说，还有忍耐，忍耐是最后的希望所在。今天我凭着永生之神对你说，不需忍耐，我已经站在时间之外。

有了你的爱，风雨不可怕，风雨里与你同行，多美好！有了你的爱，患难不可怕，患难中你在身边，多甜蜜！有了你的爱，冤屈不可怕，冤屈时有你理解，多温暖！有了你的爱，末日也不可怕，末日里和你相拥，多幸福！

宇宙的事情多，你想到的少；你想到的多，你明白的少；你明白的多，你看见的少；你看见的多，抓住的少；你抓住的多，你享用的少；你享用的多，你获益的少；你获益的多，你带走的少；你带走的多，不烂掉的少，你一点儿没有了。宇宙的事情多，少了你不算少。

人一直在寻找……但不知在找什么……直到被神找着。

问：上帝无所不能，是否能创造他搬不动的石头？答：人类理性最大的能力是：它能提出自己不能解答的问题。人类理性最大的无能是：它解答不了自己提出的问题。比如：有没有无能的全能？有没有方的圆？有没有死的活？永恒有没有开端？都不是对的问题。

德国哲学家康德指出：人的理性一思考诸如永恒无限全能之类问题，就会陷入二律背反（吊诡）。这是由于人的理性先天具有时空有限性，而心灵具有超越时空的无限性倾向，二者相交，使人陷入荒诞，不能自拔。

我看见蓝天的深邃和静谧飘然降下，降在嘈杂和浮躁的人间。我看到上帝威严的脚步已近在咫尺，只顾享乐和嬉笑的人们却浑然不觉。

天父，求你恩待那些爱我的人，让他们感受到你的爱。天父，也求你恩待那些恨我的人，让他们感受到我的爱。天父，求你恩待那些被我伤害过的人，让他们知道，正如你爱我，我也深深地爱着他们。天父，也求你恩待那些伤害过我的人，让他们知道，正如你赦免了我的一切过犯，我对他们也只有一片爱心了。

听着贝多芬的《命运》、《英雄》尤其是《欢乐颂》，人们一定很难想象他原本是一个多么悲惨和孱弱的人：父亲是酒鬼，母亲死于肺病，幼小的贝多芬染上天花，导致视力模糊和耳聋，几次向他所爱的人求婚都被拒绝。他说：我没有朋友，孤身一人，只有上帝与我亲近，在他那里，我毫无惧怕。

被誉为古典音乐之父的巴赫，人们在他死后发现成千上万的音乐手稿，每一页开头都写着：奉耶稣的名；每一页末尾都写着：荣耀归于上帝。还有莫扎特、门德尔松、海顿、舒伯特、勃拉姆斯，这些古典音乐大师都是基督徒，在他们心灵深处，都有从天而降的旋律。

亨德尔创作《弥赛亚》24天没有离开过房间。他说：我看见天国展现在我眼前，我遇见伟大的上帝。1743年伦敦演出《弥赛亚》，哈利路亚大合唱时，国王乔治二世不由自主地站起来。从此这一敬畏之举成为国际惯例。

著名画家米开朗基罗说：一个智者最完美的境界就是与上帝同在；同样，人类最好的作品也不过是接近上帝的完美。米开朗基罗的《创世纪》，达芬奇《最后的晚餐》，拉斐尔《背负十字架的耶稣》，这些不朽的作品都来源于耶稣不朽的荣耀。

托尔斯泰：耶稣在哪里，哪里就有爱，如果这不是正路，还有什么正路呢？

陀思妥耶夫斯基：如果有人能证明耶稣不合真理，那我宁可在耶稣这里，也不去真理那里。

孟德斯鸠：不受制约的权利必然腐败，这是基于人都是罪人这一条圣经真理。

汤因比：真正的历史，是人类对上帝呼唤的回应史。

伽利略说：上帝有两本书，一本是自然，一本是圣经，两书绝不会相互抵触。1633年，罗马教庭以异端罪名监禁伽利略。伽利略回应说，天父必全然知晓我在苦难中无人能比的敬虔与诚实。历史证明，伽利略确实比当时的教皇更合乎基督信仰，更贴近上帝的心意。

很多中国人不知道牛顿是一个虔诚的基督徒。他的信仰文稿比科学论著还要多。他认为从根本上说，没有哪一门科学比圣经的话更确实可信。他指着太阳系说：这个至善至美的体系，只有在一个极大的智慧和能力统筹之下才有可能产生。他说他就像个孩子在海边拣了几个贝壳，真正的大海，他并没有看见。

爱因斯坦不是基督徒，他是犹太人，他说：A　我终生从事科学研究，最大的发现就是：科学在造物主面前不过是儿戏。B　我相信任何一位严肃的科学家，看到宇宙如此深奥而和谐，不可能不联想到上帝。C　运用人类最高智慧都研究不透的宇宙规律，背后一定有一个更高的智慧。

许多学养精深的人俯伏在耶稣脚下，不是凭着他们精深的学养，而是凭着他们单纯的信心。因发现细菌而挽救了亿万人生命的巴斯德说：我知道得越多，我的信心就越接近一个乡下农夫。为什么？因为伟大的上帝不是人眼所能见、人智所能及的，唯有谦卑和单纯的信心才能领受。

信心不是力量，却是支取上帝无穷力量的枢纽。信心不是美德，却是进入上帝神圣美德的道路。信心也不是真理，却是领会上帝至高真理的钥匙。是信心，使葵花向着太阳。是信心，使鸟儿欢快地歌唱。是信心，使孩子安卧在母亲的怀里。是信心，使活在罪与死中的人有了盼望。

健康小秘诀：每天至少抬头仰望天空一次。每天至少独自安静10分钟。每天至少向一位陌生人发出微笑。每天至少为一件事心生感激。每天至少读一段《圣经》。每天至少半小时祷告。每天至少为一个人代求。每天至少喊一声哈利路亚！

千万不要顺着欲望寻求满足，那样你永远不会满足；你要告别欲望才能获得满足。千万不要一心向世界寻求幸福，世界只会盘剥你的幸福；你要转向上帝才能领略幸福。千万不能扑在人怀里寻求安息，人只能和你一起叹息；你要在神怀里才能得享安息。

人生都是在路上，关键是到哪里去。有人春风得意地走，有人步履艰难地走；有人一路鲜花似锦，有人一路孤孤单单。最后走到哪里去呢？有人春风得意地下了地狱，有人步履维艰地进了天国；捧着鲜花的心里不知去哪里而忧虑，孤单前行的知道自己往哪里去而平安。

不能将基督教与基督耶稣划等号。基督是神，基督教是人的组织。基督是永恒的，基督教只有两千年历史。基督永不改变，基督教有一个发展和改革的历史。基督只有一位，基督教分成许多派。基督无罪，基督教里有许多罪。所以信基督，不是信基督教；作基督徒，不是作基督教徒。成熟的基督徒专注于耶稣的生命。

基督教、基督徒与基督耶稣也不可分割。一个是盛宝贝的瓦器，一个是瓦器中的宝贝。这就是为什么当耶稣的爱和义借助我们来彰显时，我们常觉不配和不堪。以基督为头的教会是基督的身体。以基督为生命的基督徒是基督的荣耀。

传统不能令人全然心悦，理论不能令人全然满足，人群不能令人全然喜乐。是耶稣，唯独他。活出神的爱、说出神的话、行出神的大能，可以令人全然心悦，全然满足，全然喜乐。这颗珍珠是如此灿烂，以致于人不会在意盛放他的器皿是如何残缺，也不会嫌弃装载他的竹筐如何丑陋。

文明

一部人类文明史就是一部人类战争史。有人统计过，十九世纪以前的三千三百多年间，人类只有二百多年和平的日子；换句话说，每一年和平过后，就有十三年战争。二十世纪前半叶，人类打起了世界大战。第一次世界大战死亡一千万人，第二次世界大战死亡五千万人。

人类将自己置于核毁灭中。科学家们说，只要几百颗核弹就可以毁掉全人类。可美国大约有八千颗，俄国约六千颗。中国、英国、法国、印度、巴基斯坦、朝鲜和伊朗等越来越多的国家拥有或即将拥有这种毁灭性武器。据说用不了多久，一个中学生就可以组装核弹。

一个人复仇叫犯罪，一个民族复仇叫正义。一个人杀一个人叫疯狂，一场战争杀一百万人叫辉煌。人们为一个人的死去伤心落泪，却面对无数人的死亡欢呼雀跃。人类分工一些人救人，一些人杀人，另一些人研究更有效的凶器。雨果困惑地说：世上没一个坏人，却做了这么多坏事！

地球每天被欲火和怒火焚烧着。人类以不同语言喊着同一句"公义"走向战场相互厮杀。从道貌岸然的政权到寡廉无耻的商品，从冷酷无情的社会到弱不禁风的婚姻，一切人与人发生关系的地方，罪孽都在发酵。以恶为善，以耻为荣，以私利为公义，这些现象举目可见。

六十年代的美国，报纸摆在大街上，拿一份报，放一份钱。如今报纸锁在盒子里，投一份钱，取一份报。刚来时妻子还说：不错啊，换了咱那儿，还不多取几份？在中国，原来居民的窗户上是没有铁栏杆的，也不装沉重的大铁门。如今世道变了，家家打造得像监狱一样严实。

为什么Organic（有机）食品风靡人间？因为那是上帝亲手制造、未经人类染指的Original（天然）产物。人类改变植物的天然基因，广泛使用农药、化肥、激素，今天更有塑化剂、毒奶粉、地沟油、瘦肉精、苏丹红等花样，层出不穷，防不胜防，从人心、经人手、毒化着人身！

1962年以前，美国公立学校的祈祷文如下：全能的上帝，我们承认必须依靠你，恳求你赐福给我们，并祝福我们的父母、老师和国家……1962年以后，学校祷告、读圣经被禁止。美国人背离信仰的结果是：30年后，14岁以下少女怀孕增加553%，暴力案件增加560%，父母离婚增加117%。

美国独立战争期间，有一天一位农夫路经军营，遇见华盛顿跪在地上泪流满面地祷告，回家后对妻子说：美国一定能自由！南北战争期间，有人在林肯面前说：愿上帝站在我们一边；林肯随即回答：我关心的是，我们是否站在上帝一边！

卢梭说，人之所以一再犯错误，不是因为他不懂，而是因为他自以为什么都懂。同样，人之所以一路错到底，不是因为他不认路，而是因为他自以为走在正路上。人之所以堕落，不是因为他坏，而是因为他自以为不坏。

泰戈尔说过，你看到一朵花，很美，你大概不会去想，为什么这朵花的美此刻成了我心中的美？她的美和我的美有什么关系？信上帝的人知道，这正是上帝的美意！他造花，他造你，他叫你们此刻相遇，成就一次美感。如此相信上帝、心存感恩的人，享受的不是更多一些吗？

现在人们时兴讲淡定。没有笃定就没有淡定。笃定是信心，淡定是心情。信心是树根，心情是树叶。信心扎根在上帝的大爱和大能里、笃定不疑，心情的叶子就会光鲜亮丽、淡定自如。圣经说：应当一无挂虑，凡事藉着祷告交托给上帝，上帝必保守你们的心怀意念，赐给你们出人意料的平安。

时间是上帝给人的大恩典。有了它，苦难会过去，骄奢会过去。忍气吞声会过去，不可一世会过去。它久久陪伴不幸，却匆匆掠过快乐。它让一无所有者拥有，却不让占有一切者占有。它最终裁定一切。它是义人的盼望，是恶者的惧怕，因为总是明天断定今天的是非。

空间是上帝给人的大自由：有了它，活不下去可以逃，不喜欢可以走，惹不起可以躲。封锁空间就是剥夺自由：监狱。空间也是上帝对人的大怜悯：有了它，才有暗处，才有隐私，罪人也可以藏匿一时，好给他留下悔改的机会。

我曾对一条小溪谈到大海，小溪认为我只是一个幻想的夸张者；这个世界里最高的德行，在另一个世界大概是最低的。（纪伯伦）

敬畏，是有一个自身之外的力量，进入了自身之内；这个外来的力量，其强度、广度、深度和纯度，都是自身远远不能承受的。

把你能想到的事划一个圈，圈外边都是你想不到的事。把你能做到的事划一条线，线以外都是你做不到的事。把你能支配的事点几个点，点以外都是你不能支配的事。你想你能想到的事，神想你想不到的事。你做你能做到的事，神做你做不到的事。　你支配你能支配的事，神支配你不能支配的事。

人丢了钱，会知道的；人丢了钥匙也会知道；唯独人丢了自己，常常是一辈子都不知道。不少人将自己丢在财富里，有人将自己丢在欲望里，有人将自己丢在情感里，有人将自己丢在知识里。在耶稣怜爱的眼光里，我才猛然发现了自己的价值、尊贵和保障。I once was lost but now I'm found。

当我向神求能力的时候，神向我要圣洁。我问：圣洁就是能力吗？神说：你的圣洁就是我的能力（提摩太后书2:21）。那什么是圣洁呢？神说：纯洁无瑕疵的羔羊，献给我的。我明白了，我必须在耶稣里，分别为圣！（哥林多前书1:2）

没有比上帝更高的标准可以衡量上帝，没有比上帝更高的智慧可以证明上帝；相反，上帝是一切标准和证明的根据，即：被造物共同性的基石。能否让上帝不再神秘？不能。所以，用理性来反驳上帝的存在，用理性来证明上帝的存在，都不能成功。

许多人以为相信神，祝福就会从天而降，送来成功、爱情、健康和各样幸运。这是一个错误的期待，会令你失望。神的祝福是这样：他入住你心，化作你命，确保你在失败、失恋、疾病和各样不幸中也是一个幸福的人。因为他知道你命蹇时乖，最好是他与你同行。

你祷告，求神改变你所处的恶劣环境，神没有，神却要改变你应对环境的心态和能力。你祷告，求神让更多人喜悦你、接纳你、爱你，神没有，神却要叫你更讨人喜悦、接纳人、爱人。你祷告，求神挪去你的苦难，神没有，神却要你站在苦难中，靠着他把苦难踩在脚下。

人若不与上帝和谐，人与人就不能和谐，人与自然就不能和谐，人与社会就不能和谐，人自己的身、心、灵也不能和谐。

我跪在沙发前说：父啊，你的智慧高过诸天，你的大能不可测度，我趴在这里，不过像一条虫。神说，我永远覆蔽着你，像蓝天覆蔽着大地。你在我怀里，还有什么可烦恼的呢？万有不都在我手中吗？我造人不就是为了叫人与我分享喜乐吗？从今以后，天是你的笑脸，我是你的微风。

犹太人1300多万，占人类0.25%。前100年680位诺贝尔奖主中，犹太人128位。他们占全美名牌大学教授三分之一，全球最富有企业家一半。看以下名字：爱因斯坦、门德尔松、毕加索、马克思、海涅、弗洛伊德、卓别林、李嘉图、波尔、波恩、费米、摩根、洛克菲勒、基辛格、巴菲特……最重要的：耶稣！

在人生的入口处，写的不是欢笑是啼哭。在爱情的入口处，写的不是甜蜜是痛苦。在科学的入口处，写的不是真理是未知。在幸福的入口处，写的不是自己是他人。在天国的入口处，写的不是德行是信心。在地狱的入口处，写的不是罪过是不信。

在一起有聊不完的话，诚然是好朋友。在一起不说一句话也不觉得尴尬，则是更好的朋友。而最好的朋友是：在一起不在意说话不说话，也无所谓尴尬不尴尬。迄今为止，只有和神在一起的时候，我才有这种彻底放松、完全淡定的体验，像一个赤裸的婴儿在母亲怀中。

我可以做大事，也可以不做事，对我来说，没有两样。我可以享富贵，也可以守贫穷，对我来说，没有两样。我可以活下去，也可以死掉，对我来说，没有两样。绝对的事只有一件：在神里。

别人对你的误解会使你成熟，别人对你的卑劣也可以使你高尚，如果你真正比对方站的高一些、心胸大一些的话。因为你的心如果在天上，它们就是你脚下的云海日出；你的心如果在地上，它们就是你头上的乌云密布。

在苦难中，智慧人知道苦难会过去。在欢乐中，智慧人也知道欢乐会结束。在贫穷中，智慧人能看见贫穷隐藏的祝福。在富有中，智慧人能看见富有带来的祸害。

经得起别人的轻蔑，便是你的尊贵所在。对恶意羞辱报以微笑，羞辱就成了一份荣耀。你也毋需对轻蔑和羞辱过多思量，因为这些事在人间是经常发生的。没有谁比钉在十字架上的耶稣更遭轻蔑和羞辱，也没有谁比他更尊贵和荣耀。如果你愿意相信，他正是来照亮你一生心情的真光。

在耶稣给我的诸多恩典中，有一样是：他让我看见自己的污秽不堪，但正当我羞愧不已时，却发现他以体谅和接纳的爱意看着我。这时，虽然我对别人的污秽看得清清楚楚，可我岂能对别人有一丝轻蔑？岂能不以爱意和理解去包容？在耶稣对我的饶恕中，我才学会饶恕别人。在耶稣对我的珍爱中，我才学会珍爱别人。

当你看到一条小溪从山间流下来，你就知道那山上必有活水的源头。为什么当你看到生机勃勃的人类，就想不到背后也必然有一个生命的源头呢？小溪之水在山石间流淌着，那山石下面有活水的源头。同样，人的生命和智慧在大自然中流淌着，在大自然的背后有生命和智慧的源头！

如果以为和谐就是大家都一样，那么永远不会有和谐。不一样的彼此包容才叫和谐。和睦也不是温柔可爱的人们在一起；恰恰相反，和睦只能是不温柔不可爱的人们之间的相互接纳。和平也不是各方利益一致的结果；恰恰相反，和平只存在于不同利益的彼此尊重与共处中。

法国一座小镇里的首富，拥有半个镇的房产。一夜他在梦里听见神说：明天此时，我要接走小镇里最富有的人。富人惶恐不安，第二天率全家人一起禁食祷告，求神多赐些年日给他。一夜过去了，他见自己还活着，喜不自胜。这时传来消息说，一生住在小镇教堂里的老神甫夜里去世了。

研究神与信靠神，两者相距何其遥远啊！呼喊神与跟从神，两者相距何其遥远啊！求神与爱神，两者相距何其遥远啊！论道与行道，两者相距何其遥远啊！

一个基督徒收到表妹的电话，说她心情郁闷极了，亟需聊一聊。基督徒正赶着去做礼拜，答应回电。礼拜后又练诗，回家已晚。第二天接到消息，表妹自杀了。这位基督徒后悔不已，这件事亦令人深思。

在芬兰一位牧师告诉我，按芬兰法律，一个人在路上看见遇难者不救是违法行为，要追究定罪。这是来自《圣经》"好撒玛利亚人"的比喻（路加福音10:30-37）。

有的人很强势，常常坚持自己的意见，不顾别人，其实这种人的内心很弱小，因为他一点儿也经不起别人对自己的否定。有的人看起来很柔弱，常常放弃自己的意见，顺从别人，其实这种人的内心很强大，因为他一点儿也不怕自己被别人否定。

圣经说，爱是恒久忍耐、凡事忍耐，从何做起？比方说：

1. 耐心聆听对方说你不爱听的话；
2. 乐意接受对方做你不喜欢的事；
3. 殷勤接待对方喜欢而你不待见的人；
4. 淡定地看着对方糟蹋你辛辛苦苦挣来的一切；
5. 充分理解对方为什么将你钉上十字架。

如果你意识到你的反驳除了激起对方更大的反驳之外别无用处，你就应该果断地放弃反驳。如果你意识到你的爱心批评并不能使对方信服而改善，你就应该尝试着放弃批评，只将一颗爱心留给自己。你这样做了，即使事情不会变得更好，起码不会搞得更坏。

耶稣在教导人类如何相处时，强调彼此包容、忍耐、饶恕和尊重，远远超过彼此监督、分辨和批评。为什么？因为他知道人人都有罪有限，却人人自以为心明眼亮、像神一样、能分善恶（创世记3:5）。结果这个世界很惨，到处是瞎子指责瞎子。耶稣教导我们的，实在是瞎子与瞎子的相处之道啊！

上帝知道我们都很独特，所以他叫我们彼此包容。上帝知道我们都不完美，所以他叫我们彼此忍耐。上帝知道我们都有过犯，所以他叫我们彼此饶恕。上帝知道我们都很可怜，所以他叫我们彼此珍重。上帝知道我们都难以做到，所以他叫我们到耶稣这里来，在他的爱里领受学习。

每当我的心稍有不安，我会习惯性地将心思转向神。每一次，他都以全能者的方式令我释怀，或像严寒里的火焰，或像炎热中的凉风，或像干旱时的甘雨，化解掉造成我不安的一切原因。我曾尝试考究个中奥妙，他却对我说：不用考究了，我是你的神！

有人把心情绑在钱上，就被钱忽悠着。有人把心情绑在权上，就被权忽悠着。有人把心情绑在世界上，就被世界忽悠着。只有把心情交给超越这一切的心灵之主，在那不变的大爱大能中，才会永远淡定和笃定着。

　　成为基督徒并非使我变得完美无缺，只是让我看清自己不完美的本相，从而懂得体恤、接纳别人的不完美。这一点令我在家庭、事业、交友上受益无穷。我发现，两个不完美的人，如果彼此接纳，就会组合成一个完美。两个"完美"的人，若不能彼此接纳，就会组合成一个不完美。

　　我们从金庸的武侠小说中欣赏自己的文化。但是在十字架上我们才看到，天下无敌不是打斗出来的，而是饶恕出来的；不是恨出来的，而是爱出来的；不是靠你死我活的攻击，只能靠我死你活的舍己。

　　旧金山一家中文电视台曾邀我谈张艺谋《英雄》与Mel Gibson《耶稣受难记》的不同：一个是恨一个是爱，一个是刚强一个是柔弱，一个是称霸一个是舍己，一个是你死我活一个是我死你活，一个是心灵无敌一个是武力获胜。主持人问：这是不是东方文化与西方文化的不同？我说：这是地上文化与天上文化的不同。

尊重

对于一个不尊重你的人，你却尊重他，这就表明了你是一个可尊重的人，而他对你的不尊重是错了。

谦卑不只是一种美德，更是一种能力。因为她盯着别人的长处，不停汲取，壮大自己。骄傲也不仅仅关乎德行，更是一个软肋。因为它嗜恋别人的短处，瞄准射击，消耗自己。它像一门炮，有攻击力，无建设，无生命，不生长。谦卑则像一棵树，有吸收力，有建树，有生命，有成长。

骄傲者轻看别人，谦卑者轻看自己。骄傲者善揭人短，谦卑者善学人长。骄傲者只知道自己所知道的，谦卑者知道自己有所不知。骄傲者相信自己以为正确的一定是真理，谦卑者知道自己以为正确的不一定是真理。骄傲者向人挥舞神，谦卑者自己面对神。骄傲者钉别人十字架，谦卑者背自己的十字架。

飞机上看国产片《万有引力》有句话：通过计算我们探究世界，通过逻辑我们推断真理，我们发现起因追寻结果；

而那些意料之外的，才会真正改变我们的生活。这句经验之谈，提醒每个人要有谦卑、虔敬之心，因为我们不知道的，确实远远多过我们知道的。命运因此而神秘，世界因此而神奇。

人本身产生的问题，靠人本身无法解决。电脑本身产生的问题，电脑自己也无法解决。是主人发现问题所在，也是主人解决问题。否认自身有问题、拒绝主人解决问题，都属于不可救药之列。

爱因斯坦虽然不是一个基督徒，但作为一个了解旧约圣经的犹太人，他身上从来不失人的谦卑和对上帝的敬畏。他说：一个人很难知道，在他自己的生活中什么是最有意义的。鱼对于它一生都游在其中的水，又知道些什么呢？

如果你能包容小人，就表明你是一个大人；如果你不能包容小人，就表明你也是、或者正在变成一个小人。耶稣说不要与恶人作对，意思就是：如果你与恶人作对，你就和他一样了。

每个人都有一双心灵的眼睛，这双眼睛看见什么至关重要：你看见的是恨，恨就折磨你；你看见的是爱，爱就滋润你。你看见的是黑暗，你就黑暗；你看见的是光明，你就光明。你看见的是风浪，就生恐惧；你看见的是在风浪上向你走来的耶稣，就生信心。

头脑在心灵面前显得愚昧。情感在良知面前显得龌龊。意志在信心面前显得软弱。德在信仰面前显得虚伪。人类在上帝面前显得可怜。

一个感恩的人，可以从一万个患难中找到一个感恩的理由，他因此而快乐。一个抱怨的人，可以从一万个福份中找到一个抱怨的理由，他因此而痛苦。你是一个感恩的人还是一个抱怨的人呢？

请注意，心态比环境更重要。据一位美国心理学家研究，一个人的命运，15%取决于他遭遇到什么事情，85%取决于他对这些事情作出什么反应。比如同样的困境，会叫一个人倒下去，叫另一个人站得更高。圣经说：你要保守你的心胜过保守一切，因为人一生的果效是由心发出。

何为宗教徒？他们鄙视与自己不一样的人。他们的圣经不是用来约束自己而是鞭挞别人，不是严于律己而是好为人师。他们认为自己掌握的不是对真理的理解而是真理本身。他们效法的不是耶稣而是法利赛人。

在你闭上眼睛告别世界之前，令你宽慰的，一定不是你一生获得过什么，而是你一生奉献过什么；不是你曾经驳倒过谁，而是你曾经安慰过谁；不是你的酒肉朋友们，而是你默默爱过的人。而其中最令你宽慰的，一定不是你曾经活过，而是你将继续活着！

爱是会发光的。不信你试试，只要你无怨无悔地付出爱，你的周围就会明亮起来！

一个人要想活得幸福，眼睛就不能总是盯着那些比自己更幸福的人，而要关注那些比自己更不幸的人。

俄罗斯谚语：生气是拿别人的错误惩罚自己；恨人是为了一只耗子烧掉自己的房子。

你想成长吗？去做你做不了的事吧！那时你会发现你的极限；那时你会挑战你的极限；那时你会寻求上帝的帮助；那时你会突破你的极限；那时你的人生会有神迹。

如果有人问：在众多美德中，哪一个美德对人生最有助益？我要告诉你：感恩。俗语说"知足常乐"，不如圣经"凡事谢恩"更彻底：一个感恩的人，必有一颗知足的心，一个快乐的灵。一个感恩的人，必是一个对自己清醒、对别人宽厚、对上帝敬虔的人。一个感恩的人，必是一个蒙恩的人。

什么是仇敌？仇敌就是要么叫你倒下、要么叫你变得更强大的家伙。人生路上遇见仇敌，若不是上帝安排的，也一定是上帝允许的。怎么办？爱他们（马太福音5:44），就胜过了他们。

天天鱼肉宴席，口味就会败坏。在清贫中才能享受富足，在简朴中才能享受奢侈，在独处中才能享受亲密，在卑贱中才能享受高贵，在痛悔中才能享受欢欣，在舍己中才能享受生命的价值。

活在顺境中的人，你要尊重那些受痛苦、遭轻蔑的人，因为他比你更能品味生活。你要顾念那些在逆境中挣扎的人，因为他们中间才有你真正的朋友。你要羡慕那些患难中的卑微人，因为他们比你更有力量地活着！

我确知，我的今生不过是我的真生命的一次短暂的客旅。我的真生命寄居在我的肉体中，他不会随着肉体喜怒哀乐生老病死，他是与上帝同在的灵。这真生命是天上来的活水，今生是他激起的一朵浪花，转瞬即逝，复归活水。每念及此，我里面就发光，今生就明亮，肉体也安舒。

一切都是可爱的，因我将离开这里。游历这世间的一切，有趣，新奇。但我怎么能贪恋这些呢？我的家不在这里。我有一个永恒温暖的家，荣耀慈爱的父。我在这里唯一当做的，就是告诉世人真相：你们同我一样，只是客旅，不要恋栈，天父在等候我们归家。

一个小虫飞进眼里，我用手挤揉，无济于事，一阵蛰痛。当我绞尽脑汁束手无策的时侯，眼里突然涌出了一股泪水，小虫被冲了出来。我顿悟到：人再聪明，也不如上帝对人的设计聪明；人再努力，也赶不上上帝赐予人的生命力；再多再好的知识也不是生命，生命中却蕴含着无穷无尽的知识。

朝天吐唾沫的人，转瞬间，唾沫会掉到他脸上。人对神的亵渎，不多久，就会归给人自己。

效法耶稣就意味着：像他一样无条件地去爱，也甘愿像他一样无缘无故地被恨。像他一样用福音去祝福人，也甘愿像他一样被人拒绝。像他一样充满信心，也甘愿像他一样至死顺服。像他一样有力地行走，也甘愿像他一样痛苦地被钉。

你们亲近上帝，上帝就必亲近你们（雅各书4:8）。你可以选择自己多么亲近上帝，借此你可以选择让上帝多么亲近你。不信你试试：你多么信任他，他对你就多么信实；你什么时候注视他，他总是在望着你。

上帝没有教我怎样得心应手地对付这个世界，更不让我在这个世界中争强好胜。上帝只要我跟随他，便战胜了这个世界。

自然美景、天伦之乐、爱情友谊、饮食男女、娱乐休闲……越是看到生活之丰彩，越是联想死去之可悲！不，奇妙的宇宙背后一定有奇妙的神，更何况他已藉着耶稣前来宣告了。人啊，你为什么非要因为不信而停留在死的可悲中呢？

他赐生命，他就是生命。他叫死人复活，他就是复活。他带来福音，他就是福音。他宣告真理，他就是真理。他传道，他就是道。耶稣是这样一个人，当他将他自己给你的时候，你就得到了你所想要的一切。因为他就是一切，并在一切之内。（哥林多前书15:28）

不是你拒绝神，然后神审判你；你的拒绝就是神的审判。不是你信靠神，然后神祝福你，你的信靠就是神的祝福。你犯罪就是在受惩罚，你悔改就是在被赦免。不是在人犯罪的尽头，人被一举毁灭；而是人的犯罪本身，一步步毁灭着自己。

就像江河到了大海，才明白了自己一路艰辛的意义；就像泥土成了陶器，才晓得自己历经火炼的价值；永恒之主啊，我认识了你，才发现自己短暂人生的目的。

一个乞丐告诉别的乞丐说，这里有食物，快来吃啊。一个病人告诉别的病人说，咱们都有病，快来看医生。一个浪子告诉别的浪子说，咱们是兄弟，一起回家吧。这就是传福音了。

短暂在融入永恒之后，才晓得自己一直焦渴期待的是什么。浪花在落下之后，才明白自己的本相原来是这么宁静的水。黄河在汇入大海之后，才发现自己的故乡竟是一片辽阔的蔚蓝。一个人认识上帝之后，才发现自己的灵魂原来是如此尊贵和不朽。

飞机突然剧烈颠簸，乘客们一阵紧张，机长要求立即系上安全带。这时我后排传来两个小孩子的兴奋喊声：哇！喔！太棒了！就像在迪斯尼乐园过山车上听到的。我一下子想起耶稣的话：人若不像小孩子一样，断不能进天国。（马可福音10:15）

神圣原则与世俗原则正好相反。在世俗里，被伺候的为大；在信仰里，伺候人的为大。在世俗里，水退了才能下河；在信仰里，下了河水才会退。在世俗里，蒙恩才会感恩；在信仰里，感恩才会蒙恩。在世俗里，理解了才会相信；在信仰里，相信了才会理解。

你不能根据一个人好的时候有多么好，就断定他是一个多么好的人；但你可以根据一个人坏的时候有多么坏，断定他是一个多么坏的人。不管一个人对你多么讲理和规矩，只要你发现他对另一个人不讲理不规矩，他就是一个不讲理不规矩的人。

近十年美国的基督徒减少了5百万，教会关闭了3千多间，基督徒离婚率33%（非基督徒34%）。与此相反，中国的基督徒人口迅猛增加，教会越来越多，离婚率远远低于非基督徒。两国基督信仰的一降一升，与国势的一降一升一致。这里有上帝对两个国家分别的警示！

朋友，你一定听说过一句话：世界上没有一条路是通向幸福的；幸福就在你身边。但是另一句话大概没有听说过：

没有一个人能在身边发现幸福，除非他发现上帝与他同在。

当一个人说"我没有问题"的时候，他一定出了问题。当一个人说"问题不在我"的时候，他就是问题所在。

一根蜡烛燃烧的时候，不是在丧失自己，而是在照亮别人中完成着自己。如果它将自己包裹在绸缎里，似乎是保全自己，却是在丧失自己。耶稣说，凡是保全生命的，必丧掉生命；凡是为福音丧掉生命的，必得着生命。

谁听见了永恒之道，就可以摆脱人的争论。一切都出自一个道，都为一个道作见证，这个道，就是向我们说话的"太初"。没有他，谁也不能明白什么。凡看一切为一，把一切归为一的，这人心里就安静平稳。真理之神啊，我所羡慕的全在你里面。愿学者都缄口，愿万物都静默，唯求你单独对我说话。（《遵主圣范》）

静心潜入上帝的深水中，每一次浮出来时，我双手都满了宝贝。

如果你不是在别人身上，而是在自己身上看到了卑劣，你就有指望成为一个高尚的人了。

真正感人肺腑的爱，总是在悲剧中产生。若没有悲伤和不幸在其中，爱绝不会是动人的。因为在本质上，纯爱在这个罪恶的世界上一定是悲伤和不幸的。惟其如此，人的灵魂才能被唤醒，良知才能被感受。惟其如此，爱，就在血与泪、苦与辱、痛与死中完成了。

爱，归根到底，不能说出来，也不能做出来，只能活出来。

虽然爱是人生最重要的事，但很多人立志要成功，很多人立志要成名，很多人立志要成家，却很少有人立志活出爱。

人们往往根据你得到的爱来评估你一生的价值，上帝却是根据你付出的爱来评估你一生的价值。在上帝眼里，人生减去爱等于零。圣经说：无论一个人说得多么好，做得多么棒，信得多么诚，若没有爱，他便一无所有（哥林多前书13:1-3）。

一个人说，我自己没有爱，怎么去爱别人呢？我说，当你去爱别人时，神的爱就会源源不断的供应你；你先去爱，咬着牙、甚至流着泪去爱，神的爱就会大大充满你。

一个基督徒，如果除了圣经以外什么都不尊重，说明他并不真正尊重圣经。一个基督徒，如果除了圣经以外什么也不理解，说明他压根儿没理解圣经。基督信仰不是越狭隘越纯正、越封闭越虔诚。基督信仰是越像耶稣越纯正、越谦卑舍己越虔诚。别忘了耶稣指着大自然讲述神的爱，为罪人们死在十字架上。

快乐

快乐的人不是得到的多，是计较的少。满足的人不是拥有的多，是期待的少。长寿的人不是山珍海味，是粗茶淡饭。幸福的人不是万事如意，是凡事谢恩。

世人喜欢争是非，如果耶稣和世人争是非，那么闭口不言的就不是耶稣而是世人。世人喜欢比强弱，如果耶稣和世人比强弱，那么被钉上十字架的就不是耶稣而是世人。世人喜欢计恩怨，如果耶稣和世人计恩怨，那么面对复活的耶稣，没有一人站立的住。

不是没有善恶是非，只是人缺乏能力分辨。上帝的意思是将一切交给他。圣经说：不要论断人，也不要自己申辩，深渊冤在神，一切交托。"你们要休息，要知道我是神"。人间的和睦，只能由此而来。

上帝不仅是基督徒的上帝，也是每个人的上帝。上帝不仅是基督教历史的主宰，也是人类历史的主宰。上帝的眼睛不仅注视着教会，也注视着社会。虽然基督徒已习惯于被边缘化，但上帝没有、也不会被边缘化。没有他允许，君王不会坐在位上（罗马书13:1）；麻雀也不会掉在地上（马太福音10:29）。

爱是人与人之间最短的距离，恨是人与人之间最深的深渊。一方的欣赏可以使双方都美起来，一方的挑剔会叫双方都丑起来。妒忌是心里的火，烧得是自己；谦逊是流出的蜜，甜的是大家。

上帝对我说：除非你公然穿上耶稣褴褛的衣衫，否则你无法对抗世界荣华的诱惑；除非你寂寞地踏上耶稣走过的窄路，否则你不能摆脱碌碌人群的裹挟；除非你天天背上自己的十字架，否则你无法胜过根深蒂固的私欲。

上帝给每个人一生的时间学习爱的功课，好适应将来在天国里全然相爱的生活。可悲的是，由于罪污染了世界，人们一生学到的不是爱，而是无情、纷争、贪婪、罪孽，没有一人够资格进入上帝全爱的国度。耶稣在十字架上的纯爱，就是天国的入口。

幸福很简单：饥饿的人捧起一碗饭，那叫幸福；焦渴的人端起一杯水，那叫幸福；劳累的人躺下歇一会儿，那叫幸福；迷失的人望见了家门口，那叫幸福；服刑的人收到了大赦令，那叫幸福；必死的人听闻了永生之道，那叫幸福。

基督信仰是叫人好好做人，不要做神。人常以为只要有了知识就能心明眼亮，就可以如神一般来分辩善恶是非。这是蛇说的，不是神说的；是骗人的，不是真理；是坑人，不是爱人。

无论何时何事，人有信心就会安心，没有信心就会担心、忧心、烦心。信心如此宝贵，从哪里获得呢？信心来自信仰。唯有上帝的大能大爱，能够为人的信心创始成终。上帝在谁心里，谁就有信心。

二战后一位英国将军举办宴会，一个士兵误喝了洗手水，引起上流贵宾一阵笑声。将军随即端起洗手水说：我提议，为我们英勇杀敌的士兵们干杯！说完一饮而尽。读到这里，我禁不住流泪了。我意识到上帝曾多次，不，他一直是这样对待我！他担当我的无知，不看我的卑贱，除去我的羞辱……

我原先是个马克思主义者，后来信耶稣。这两个人都是犹太人。同为上帝的选民，马克思是一个叛逆者，耶稣却是上帝的儿子。我的心从斗争到平和，从批判到慈爱，从骄傲到谦卑，从短暂到永恒。愿我得到的祝福，成为这个民族的祝福。

《圣经》不是用来增加我们的知识，而是用来改变我们的生命。所以我们的首要责任不是去研究它，而是去遵守它；不是用它去衡量别人，而是用它来光照自己。

当基督徒说，把这件事交给神吧！这绝不是消极悲观，而是盼望等候；不是茫然无措，而是笃定不疑；不是无所作为，而是无为而无不为。就像农夫把种子埋在土里以后就不再做什么了，回家安然睡觉，因为他知道神正在叫种子生长。

天父啊，每当想起你，我就轻看一切。不管是世态炎凉，不管是荣辱得失，只要想起你，我都轻看。哪怕怒涛咆哮，哪怕泰山压顶，哪怕落入鳄鱼的肚腹里，哪怕落在仇敌的刀刃上，只要想起你，我都轻看。

骄傲会使人的智力下降、心胸缩小。骄傲的人不再费脑筋去理解别人，只会用自己的框框去套别人，久而久之就失去举一反三、融汇贯通、立体透视的思维能力，也失去善解人意的体谅心。耶稣说自高者必降为卑，也包含着骄傲会令人愚蠢、嫉妒会令人卑劣的意思。

人们的生活总是相互掣肘，唯有当一个人直接向上帝支取力量时，才感觉到真正的独立。人们的地位不可能平等，唯有当一个人直接隶属于上帝时，才发现自己跨越了一切的等级。人们极容易受到权势的胁迫、潮流的裹挟和智慧的煽动，唯有当一个人在上帝那里获得超越性时，他才能时时保有一颗清醒的心。

忘比记更重要。记是聪明，忘是智慧。记是能力，忘是品格。忘掉辉煌是谦卑，忘掉屈辱是尊荣，忘掉恩怨是自由。所以圣经说，要忘记背后，努力面前，向着标杆直跑。

　　上帝叫我们活在不可爱的人身边学习去爱人，在负面的环境中培育正面的品格，在面对敌人时发现自己的朋友，在艰难困苦中提炼自己的能量。一个信靠上帝的人会发现，上帝允许不好的东西存在，是为了让我们有能力活得更好。

　　逆风，更适合飞翔；逆境，更适合成长。大坝，能提升水位；碰壁，能提升品位。悬崖，逼雏鹰展翅；绝境，逼人仰望神。

　　如果你太软弱，上帝会造一个敌人来逼你刚强。如果你太安逸，上帝会造一个敌人来激你奋起。如果你太骄傲，上帝会造一个敌人来教你谦卑。如果你一直胜利，上帝会造一个敌人来叫你尝尝失败。如果你忘记上帝，上帝会造一个敌人来提醒你呼求他。记住，只要你属于上帝，一切敌人都是帮助你的。

　　为什么我一思念你就泪水盈眶？因为从来没有人像你对我这么好。你按着我的本相接纳我，使我在你面前赤身裸体并不羞耻。你体谅我的每一处软弱，从不像别人一样苛责我。你比我的亲人更体贴我，在风中挡着我，在雨中遮着我，在歧途中等着我。你在我的敌人面前为我摆设筵席，使我的福杯满溢。

　　结婚就是给爱情穿一件棉衣，虽然活动起来不方便，但会很温暖。信仰就是给风筝拴一根线，虽然不能任意飘荡，但避免了坠落。

你要轻看自己的刚强，却不可轻看别人的软弱（罗马书14:2-5）。你要轻看人对你的羞辱，却不可轻看神对你的管教（希伯来书12:5-6）。你要轻看尘世间的喧嚣，却不可轻看全能者的沉默（马太福音27:14）。你可以轻看强者的咆哮，却不可轻看弱者的呻吟（马太福音25:40）。你可以轻看成人的智慧，却不可轻看孩子的纯真（马太福音18:10）。

一个从未被引诱去做坏事的人，不能被称为好人。一个从未经历过试探的人，也不能称他为忠心的人。诚实是在可以不诚实时的一种持守，谦卑是在有理由骄傲时的一种放弃。

每一个真心追求上帝并珍重自己生命的人，到头来一定会发现：为了得着自己，必须献上自己；为了善待自己，必须苦待自己；为了肯定自己，必须否定自己，就是远离世俗一切的诱惑，拒绝内心一切的奢望，消灭血气一切的躁动。

有时候，称赞不是爱，责备才是爱。有时候，成功不是福，失败才是福。有时候，应有尽有不是富，一无所有才是富。有时候，步步进逼不是强，一让再让才是强。有时候，击倒对手不是胜利，扶起对手才是胜利。懂得这个道理，人生会轻省许多。

握手是什么意思？原来古代陌生人相见，伸出手来，相互一握，表明没带武器。多么美好！我就是一个没带武器的人。信耶稣后，我已渐渐失去了忿恨、尖刻和反击的能力。耶稣是神的羔羊；唯有在他十字架的爱里，才有和平、和谐、和睦。

笑对羞辱是贵人的风范。容纳小人是君子的心胸。接受失败是成功者的素养。忍受卑鄙是高尚者的特质。体恤人性的软弱是神性的彰显。承担世人的罪孽是基督的冠冕。

基督信仰的传递不是知识的传递，也不是道德的传递，而是生命的传递。这个生命的最大特质是信心和爱心。一个基督徒带着对神的信心和对人的爱心活着，就是传福音。

著名圣经学者巴克莱50岁时说：活了50年，我发现人是多么容易犯错误！如果今天有人做错一件事，我一定会像怀特斐尔德一样说：要不是上帝的恩典，这种错误我也会犯。因此我不会自以为义地去责备他。如飞逝去的岁月增加了我的同情心，这可不是一件小礼物。

巴克莱说，一些人一方面极力反对教皇无误论，一方面却坚信自己的理解是无误的。那些总是认为自己对的人，那些听不进不同意见的人，那些鄙视一切不合乎自己的口味、坚信自己的口味一定是上帝口味的人，他们一生的损失是何等的大呢！

　　英国作家史蒂文森说：遇到一个快乐的人，好过拾到一张大钞票。只要看看我母亲的眼睛，你就会明白；她好像在亲自告诉你，为什么天父让她到人间来。看见她眼睛的人，心灵顿时会开放，涌现出美丽的思想。我到六岁才发现母亲这双眼睛。感谢天父，这双眼睛是我一生追求美善的督导者。

　　看一个人是不是真富足，要看他的拥有中，有多少是不会失去的。拥有万朵浮云，不如拥有一块大地；实现一万个人间梦想，不如怀揣一个永恒盼望。这就是为什么保罗说，与耶稣相比，世界就像粪土一样。

　　一个人若真知道自己有多败坏，就不会对别人的指责耿耿于怀，反而会谦卑地想：其实我比别人指责的更坏。唯有上帝尽知我一切污秽和软弱，但上帝却接纳我、爱护我、扶持我。我的上帝啊，我爱你，我赞美你，我感谢你！于是那人的指责，却变成这人的福份了。

　　如果你的心此时不在天国里，死后怎么会在天国里呢？如果你的灵魂此时不能捨弃一切跟随耶稣，将来又怎能捨弃一切跟随耶稣呢？你这个灵魂，不要自欺。你今天如何，将来也如何。你今天顺从谁，将来也顺从谁。信仰不是明天的事，信仰就在此时。得救不是死后的事，得救就在此刻。

　　二战期间英军中有一对朋友，一个受了重伤，躺在敌人阵地前方一条地沟里不能动弹。另一个在天黑后爬出战壕去救他。一见面，那受伤者第一句话是：我知道你会来的。我也有一位最知心的朋友，即使我人生最孤单、最难熬、最黑暗、最无望的时候，我也会等着他，因为我知道他一定会来的。

墨汁滴在一杯水里，这杯水立即变色，不能喝了。墨汁滴在大海里，大海依然是蔚蓝色的大海。为什么？两者的肚量不一样。不熟的麦穗直刺刺地向上挺着，成熟的麦穗低垂着头。为什么？两者的份量不一样。宽容别人，就是肚量；谦卑自己，就是份量。

在风浪中你不要被风浪吓倒，要看踏浪的主。在疾病中你不要被疾病吓倒，要看医治的主。在罪中你不要被罪吓倒，要看赦罪的主。即使在死亡面前你也不要被死亡吓倒，要看复活的主。你说你看不见他？不！信心的眼睛一定能看见他。

就像宇宙中有96%是测不到的暗能量，人生中也有不为人知的巨大力量起作用。人当做的事，就是顺从上帝的引导。当上帝让摩西向红海举杖，当耶稣让瞎子去毕士大池子洗眼睛，宛如父亲让孩子转动一下汽车钥匙。接下来发生的事，是摩西、瞎子和小孩子都看到却不明白的。

信心不是以自己的想法为依归，而是以上帝的旨意为依归。所以，信心与其说是一种自我坚持，不如说是一种自我放弃。信心既可以表现为对现实的超越，也可以表现为对现实的忍耐。信心表面上是一种迫切的呼求，骨子里却是一种安然的交托。信心的总意，就是任由上帝的权能在自己身上施展。

信耶稣这么多年，不是没有失败过，但每一个失败后来都成了胜利的踏板。不是没有软弱过，每一次软弱都使我变得更坚强。也不是没有恐惧过，每一次突如其来的恐惧后来都成了意料不到的惊喜。我知道属于他的人，他一个也不丢弃。我是属于他的，是他拣选了我，他爱我不放手，他也知道我爱他！

美妙的耶稣属于全人类。这个念头令我激动不已。宗教把他局限在宗教里，教会把他珍藏在教会里。不！他必须被高声宣扬：他是普世的阳光，是人寰的凯歌，是众生的朋友。他身上凝聚着人类古往今来的一切美好期待，他那短暂而永恒的生命，可以满足每一个地球人的渴望。

据圣经记载，在耶稣传道的3年多里，他渴过，饿过，累过，哭过，愤怒过，生气过，伤痛过，忧愁过，叹息过，惊奇过，沉默过，也一度欢乐过，但圣经没有记载耶稣笑过，这是为什么？

一个相信上帝的人享有许多福气，其中最实在的一个福气是：即便到了无路可走、无计可施、无人理会的时候，可以到上帝这里来。不管白天黑夜，上帝的大门总是敞开的。

在别人身上找得不到自己的幸福。幸福的秘诀是安心于自己的一份，满足于自己的命定。所以一个福布斯的富豪、一个坐天下的君王和一个守厨房的主妇，每一个都可以是幸福的，也可以是不幸的。

即便我是一个虔诚的基督徒，一心一意追随耶稣，也不意味着我是一个、或者可以是一个完美的人。只要我还在肉身里活在世上，我就需要上帝的怜悯。然而我却与先前彻底不一样了。就像我站在阳光下依然有阴影，但与我站在黑暗中不可同日而语。

外在越低调的人，内在素养越高。生活越简单的人，生命越丰富。越能处卑贱的人，天性越高贵。对己越严格的人，待人越宽厚。轻看自己的人是珍重自己，恨恶自己的人是爱惜自己（约翰福音12:25）。

在上帝眼中，谁是傻子？自以为聪明的人就是傻子（哥林多前书3:19）。谁是瞎子？自以为能看见的人就是瞎子（约翰福音9:39）。谁是骗子？自以为诚实的人就是骗子（约翰福音8:55）。谁是罪人？自以为圣洁的人就是罪人（约翰福音1:8）。谁是小人？自以为伟大的人就是小人（路加福音18:14）。谁是死人？为自己活着的人就是死人（马太福音16:25）。

不要太在意别人的评价，要多在意自己的生命。本仁约翰（John Bunyan）说：假如我的生命不结出美善的果子，谁赞赏我都没意义。假如我的生命多结出美善的果子，谁批评我也没意义。

人生

—～—

　　人生，对每个人来说都是一条陌生路。命运，不是由意料之中的事构成，而是由意料不到的事构成。嫁给你的，不一定是你原来想往的那个人。绊倒你的，并不是你日夜提防的那个人。你的职业可能与你当年的志向毫不沾边。至于人生的结局，不管你是谁，都掌握在上帝手中。

　　人间处处强差人意，人生常常不尽人意，必须忍耐。忍耐生老练，老练生盼望。神是我的盼望，我就忍耐人；永生是我的盼望，我就忍耐今生；光明是我的盼望，我就忍耐黑暗；公义是我的盼望，我就忍耐屈辱。

　　飞机上看了布鲁斯·威利斯主演的一部老片《太阳之泪》（Tears of the sun），结尾处写着埃德蒙·伯克的一句名言：邪恶得胜必不可少的条件只有一个，就是善良的人们什么也不做。Edmund Burke: The only thing necessary for the triumph of evil is for good men to do nothing.

　　上帝说，你们给饥饿者吃的，就是给我吃；你们给干渴者喝的，就是给我喝；你们关怀生病的，就是关怀我；你们探望坐监的，就是探望我（马太福音25:35-40）。常有人问上帝在哪里？可见上帝正在饥渴者身上饥渴着，在痛苦者身上痛苦着，服事他们就是服事上帝。

一个全心全意信靠上帝的人，就不要和人类一般见识；不要与喜欢辩论的人辩论；不要看敌人要你看的东西；不要把传言当真；不要接招……依此类推。

我原本是个罪人，还要袒护什么呢？我原本一无所有，还怕失去什么呢？我原本丑陋不堪，还有什么指责不能承受呢？我原本渺小如尘，还有什么轻蔑不能释怀呢？我原本并不存在，一切全是恩典，还有什么可抱怨的呢？回到自己的本相，原来如此轻松！

常被人们忽略的自然状态，实在是一切存在的极致啊！美丽到像自然一样，那是何等的美丽！慈爱到像自然一样，那是何等慈爱！强大到像自然一样，那是何等的强大！智慧到像自然一样，那是何等的智慧！深奥到像自然一样，那是何等的深奥！自然是上帝的手笔。

幸福的婚姻不是$1+1=2$，而是$0.5+0.5=1$，或者$0.6+0.4=1$。不仅婚姻，任何人与人的完美组合，都不是义人与义人、完人与完人的组合，而是罪人与罪人之间的彼此接纳、彼此包容、彼此担待、彼此补充。

从我自己信耶稣前后的婚姻经历中，领悟到一条夫妻相处之道：认自己的罪，免对方的债，就一同享受幸福。认对方的罪，免自己的债，就一同忍受痛苦。

人离神的距离有多远？按人的步子来说，有N步远，是人永远走不完的。然而，神藉着耶稣对每一个人说：只要你用信心向我迈出第一步，剩下的N-1步，由我来走。

最知心的朋友是知道你一切弱点、看透你一切心眼儿、却依然爱你疼你保护你的人。你和他在一起并非有说不完的话，吐不完的情，而是一句话也不说你也不会感到寂寞，一句话也不说他也知道你在想什么。自从我认识耶稣，他就是我这样一位最知心的朋友，日子越久我越离不开他。

阳光照耀的是那些站在阳光下的人，空气供给的是那些呼吸着空气的人，大地擎托的是那些踏在大地上的人。同样，上帝赐福的是那些信靠上帝的人。

亲爱的天父，我无法预知将要临到我的事，但我知道：第一，一切临到我的事一定是你安排、你允许、起码是你知道的。第二，一切临到我的事，不管在人看来是好事还是坏事，你都会转化成对我、对众人的祝福。因为你是使无变有、起死回生、化腐朽为神奇的神，而我是属你的。

人生最大的狂言，就是人们常常挂在嘴边的"我知道"。人类最有智慧的人苏格拉底说，他什么也不知道；他唯一知道的一件事就是他什么也不知道。

人生路有三种走法：一是凭自己走，这常会走偏、走迷，或在不知不觉中随波逐流。二是按照神圣的规范走，这常使人心有余而力不足，灰心泄气走不下去。三是到耶稣这里来，与耶稣同行。不会迷失方向，因他带着你；不怕路况艰难，因他扶着你；不管遭遇如何，有他伴着你；你无力前行时，他会背着你。

有人说人生最重要的不是努力，不是奋斗，而是抉择。这话有一定道理。当永恒者来到短暂者中间，那么短暂者就面临着一个信或不信的抉择，这个抉择远比他短暂人生中的全部努力和奋斗都重要的多，因为这将决定他一生的努力和奋斗是否归零。

任何拒绝，换一个角度看，都是不配。当你拒绝搀扶一个弱者时，是你不配搀扶他，因为你缺少搀扶他所必需的爱心。当你拒绝拥抱一个异己时，是你不配拥抱他，因为你缺少拥抱他所必需的心胸。当你拒绝接受上帝时，是你不配接受他，因为你缺少接受他所必需的信心。

看这个人！怜悯他的人得到他的怜悯，接待他的人得到他的接待，但是中伤他的人却不被他中伤，嘲笑他的人却不被他嘲笑，伤害他的人却不被他伤害，拒绝他的人却不被他拒绝。他在十字架上永远向每一个人敞开怀抱，仿佛说：来吧，不管你怎样对待我，我都愿意拥抱你、接纳你、恩待你。

在全能的上帝里，没有你做不到的事。因为在上帝里，第一，你的希望一定是被洁净了的；第二，你的希望一定是被完成了的。你只要朝你的希望走去，就象去采摘一颗熟透了的红苹果。

一个人有机会活在天地间，是一个恩典。所以感恩是一切美德之母。一颗感恩的心自然会生出爱心、谦卑的心、奉献的心、平和的心、喜乐的心、忍让的心、温柔的心……

自从认识你那一刻，我的心就交给了你。虽有一百次向外游荡，却是一千次向你回归，一万次向你呼唤。痛苦的路边总有你的手，欢乐的窗口总有你的面。喜事报给你，难事交给你，易事称谢你，大事等候你。你的微声不绝于耳，你的目光不离左右！

每个人身上都有软肋，也有强项。魔鬼专门抓住人的哪怕一点点软肋，来控告人，打击人；上帝却善于使用人的哪怕一点点强项，来肯定人，成全人。所以，喜欢挑剔别人弱点、盯住别人过失的人，有意无意令魔鬼喜悦了；那些肯定别人优点、欣赏别人恩赐的人，则是与神同工了。

许多人想，既然上帝是全知全善全能的，他会为我清除人生路上的一切坎坷和痛苦。绝非如此。远胜于此。他不挪去高山，却给你力量登攀。他不消灭魔鬼，却给你权柄驱赶。他不拿走忧患，却给你心情歌唱。他不让你绕过死亡，却给你复活的盼望。

我是谁？这个自我认知非常重要。它决定你的人生态度、人生命运，最终决定你成为怎样一个人。上帝希望你相信：你不是无助的罪人，不是无望的歹人，你是他所爱的儿女。你是吗？上帝等待着你的确认，等你一生之久。

为你所爱的人祷告。没有比祷告更有力的爱。你发出的邀请可能被拒绝，你传讲的福音可能被拒绝，你表达的爱意也可能被拒绝，但是，你为他（她）祷告不可能被拒绝，也无法拒绝。

一个被上帝得着的人，一定会完成如下转变：以世界为中心转变为以上帝为中心，以肉身为中心转变为以灵魂为中心，以理性为中心转变为以灵性为中心，以生活为中心转变为以生命为中心，以今生为中心转变为以永生为中心。

神是自隐的神（以赛亚书45:15），是暗中的父（马太福音6:6）。他在暗中察看人，垂听人，报答人。所以神的儿女行事为人，不在意人看得见看不见，听得见听不见，报答不报答。

抱怨的心态是阻碍成熟的大敌。因为一旦你有了一个抱怨的对象，你就失去了改善自己的可能。

　　每个人都活在关系中。但总有一天，世上的一切关系都将终结。那一天，朋友关系消失了，社会关系没有了，后门关系关闭了，就连夫妻关系、亲情关系也要停止。那一天，只有一个关系可以存留，就是你与上帝的关系。问题是：你与上帝有关系吗？你与上帝是什么关系？

　　一个孩子拥有一架旧钢琴，有些键音不准了。一天，钢琴发出美妙动听的乐曲，孩子大为吃惊。进屋一看，原来是住在他家的客人在弹奏。客人是一位钢琴大师，对他说：我听你弹琴时，听出哪几个键音不准，刚才我弹奏的曲子，是不需要这几个键的。如果你愿意顺服，上帝也是这样使用你的长处，避开你的短处。

　　神看人不像人看人，人看外貌，神看内心（撒母耳记上16:7）。神不看你能力多大，神看你信心多大。神不看你懂得多少，神看你顺服多少。神不看你的十个短处，神看你的一个长项。神不看你有多少罪，神看你愿不愿悔改。神不看你拥有多少，神看你奉献多少。不看你在人面前的公共形象，神看你在他眼前的赤裸真相。

　　真正的信仰是这样：你穿越现实世界，进入一个更巨大、更真实的世界而被震惊和慑服，你融进其大爱中而感受到无法抗拒的净化与升华，你从中得到出奇的平安喜乐而不能不激动和赞美。从此你全身心发生变化，你直接以神为师，你得享万物之益却不受其累，你参透万事之理却不求其利。人们因你而走近神……

　　上帝给鸟翅膀，必有空气让它飞翔。上帝使人饿，必预备了食物。上帝使人渴，必预备了水。上帝使人有爱的情感，必为人预备了爱的对象。上帝使人寻求他，他必在那里等候着。所以耶稣说，你们寻找就寻见，祈求就得着，叩门就开门。

　　神是世上的光、生命的粮、永流的水。你承认自己是在黑暗中吗？不然，这光与你何益？你感受到灵魂的饥饿吗？不然，这粮与你何益？你有一块低洼的心田吗？不然这水与你何益？

　　最了解你弱点的，一个是你的亲人，一个是你的仇人。两者的区别在于：一个是接纳，一个是攻击。上帝和魔鬼对你的罪污同样了如指掌，不同的是，上帝的儿子耶稣甘愿死在十字架上承担并赦免你的罪，魔鬼却是时刻不停地控告你的罪。

　　如何对待上帝，如何对待自己，如何对待他人，这是人生三件要事。第一，务要敬畏上帝，因为敬畏上帝是智慧的开端；第二，务要谦卑自己，因为谦卑自己才能认识真理；第三，务要体谅他人，因为体谅他人才能获得上帝的体谅。

　　主啊，求你使我刚强到敢于承认自己的软弱，使我勇敢到敢于正视自己的怯懦。求你使我清醒到可以随时发现自己的糊涂，使我清洁到可以随时察觉自己的污秽。求你使我善良到知道自己原本的丑恶，使我谦卑到知道自己隐藏的骄傲。

基于我与全能上帝的关系，我坚信不管我身上发生什么事，都是我和上帝之间的事，与旁人无关，甚至与魔鬼无关。我一生只面对上帝。上帝也会一直面对我。他注视我的目光足以驱散我身内身外一切黑暗权势。不管在什么遭遇中，我享受着上帝对我的爱，他那超乎所有人想象、难以被任何人了解的爱。

天父上帝啊，给我力量，使我能对自己身上一切不讨你喜悦的欲望说不。父啊，给我开路，让我在服侍你的路途上不遇到我无力挪移又无力跨越的艰难险阻。父啊，求你光照，驱散我心中一切弯曲的思想和小信的忧虑。父啊；求你怜悯，当我有意无意得罪你、接受你公义管教的时候，你的慈爱加倍临到我……

真正的得胜是胜过自己。真正的自尊是尊重别人。真正的成功是经得起失败。真正的快乐是使别人快乐。

什么该忘，什么不该忘，是一件重要的事。别人的恩惠不要忘记，别人的亏欠你最好忘记。所受的羞辱不要忘记，羞辱你的人你最好忘记。你对人的承诺不要忘记，你对人的帮助你最好忘记。如此则步步吉祥。

大自然是人间最高级、最有效的疗养院，因为它是最贴近上帝的地方，当年耶稣经常远离人群，到山上、旷野、海边去祷告。天然食物是人间最安全、最健康的食物，因为它直接来自上帝，没有人手掺杂的罪孽。

主啊，求你叫我的心安然静谧，叫这个世界在我心中销声匿迹，叫整个宇宙在我面前沉默无声，我要让你的声音显大、显明，我要聆听，我要聆听你的吩咐……

真爱，是在一千次一万次被伤害之后依然无法放弃，是在一千个一万个考量之后依然无法割舍。人能活出这种爱来吗？不能；假若谁能活出一些如此恒久忍耐、永不止息的爱，一定是从神而来，从十字架上的耶稣而来。

完美

理解圣经，只有一种理解是完美的，就是承认自己的理解不完美，且永远也不可能百分之百的完美，而愿意谦卑投身到唯一完美的耶稣的生命里来，藉着他赐下的圣灵进入一切的真理（约翰福音16:13），宛如一叶小帆船乘风驶入浩瀚无垠的大海。

你既然知道了，为什么不照着去行呢（路加福音6:46）？这是将来上帝必问我们每个人的一句话，那么，现在就用这句话来时刻提醒自己吧。

爱如果是有理由的，就不是真爱。爱如果是有目的的，就不是真爱。爱如果是有条件的，就不是真爱。爱如果是有终点的，就不是真爱。

萧伯纳：人生有两个悲剧，一个是得不到，一个是得到了。钱钟书：人生就像一座围城，城外的人想进去，城里的人想出来。传道者说：虚空的虚空，凡事都是虚空。人一生的日子如影儿经过，谁知道什么与他有益呢？唯有敬畏神，谨守他的诫命，是人所当尽的本份。

女人不是因为美丽而可爱，是因为可爱而美丽。漂亮的女人悦人的眼，善良的女人悦人的心。好争吵的女人就象漏雨的屋顶，安静的女人能摸着丈夫的脉动。才德的女人谁能得着呢？她的价值远胜过珍珠；她是丈夫的冠冕，她丈夫心里倚靠她。（箴言31:10-11）

在世人中，基督徒应当有优越感吗？不，应当有卑微感，因为他知道自己不过是活在上帝怜悯中的罪人。跟世人比，基督徒不是更骄傲而是更谦卑；不是更刚愎而是更柔软；不是更好辩而是更多爱；不是更责人而是更责己；不是更得意而是更谨慎。他知道自己一无可夸。

虔诚的基督徒惧怕犯罪，原因不仅仅是怕将来下地狱。他最怕的是犯罪时内心失去神赐予的平安，失去圣灵的同在。因为这对一个真正获得重生的人来说，是一件最为痛苦的事，就仿佛在永恒中受苦刑一样。

这世界有多少真正的基督徒？我不知道。我只知道真正的基督徒，他的心不是活在这世界上，而是活在天上。谁的心活在天上？只有神知道。他在天上察看，知道哪些人的心向他敞开着，哪些人的心仍被世俗捆绑着、被荣华牵引着、被荆棘挤塞着。我们在地上，只能藉着每个人结出的果子来体察了。

只要休息足够，自然就有体力；只要睡眠足够，自然就有脑力；只要在上帝的话语中、在耶稣的生命中、在圣灵的浸润中安息足够，自然就有灵力。

什么叫信心？当一个小孩子被父亲抛向空中，他在空中咯咯地笑，这就是信心。什么叫信靠？当一个小孩子看到可怕的怪物，立即扑向母亲的怀中，这就是信靠。

神若给你催逼，神一定为你开路；神若给你异象，神一定为你成全；神若给你使命，神一定带领你；神若托付你一件事，神一定与你同工。不管一开始在人看来是多么不可能，只要你顺服、忍耐、凭信心去做，到头来你一定会大吃一惊：啊，在神果然没有难成的事！

虽然一个人可以要求自己按上帝的心意而活，但任何人都无权强求别人这样。人若不想让法利赛人的酵将自己发起来，就要让神来对付自己，而不要代替神对付别人。若大家都听主的话，知道自己眼中有梁木，背起自己的十字架，那么个人、家庭、教会和社会，一定会好很多。

一个人在领受神的恩典时，要有一颗清醒的心。你每一个从神得到的，都要向人活出来。你得了平安，就要令人平安。你得了喜乐，就要使人喜乐。你得了祝福，就要祝福别人。你得了永生，就要活出永生者的胸襟和眼光。耶稣说，多给谁，就向谁多取；多托谁，就向谁多要。（路加福音12:48）

为什么人生的欣喜、欢愉和快乐总是转瞬即逝、不能持久？为什么人生的满足感、满意度总是残缺不全、不能完整？因为神将人渴求的深层平安和喜乐保留在他手中，根植在永恒里，免得我们将世界当成自己的家。C. S. 路易斯说：造物主预备舒适的客栈，供我们在旅途中歇息，但不希望我们误以为这就是自己的家。

圣经全视角，人不可偏执。在神是一日，在人是千年（彼得后书3:8）。在神是拣选（约翰福音15:16），在人是选择（路加福音14:26）。在神是预定（约翰福音6:37），在人是努力（路加福音13:24）。在神说我要……（马太福音26:31），对人说你们要……（马太福音7:13）。神知麦子稗子，却对人说：不要去薅稗子，恐怕连麦子拔出来；等我！（马太福音13:24-30）

信仰主要不是一套说法，也不是一套做法，更不是一套功法。信仰是一种活法：有信、有望、有爱地活着（哥林多前书13:13），更丰盛地活着（约翰福音10:10），在永生中活着。（约翰福音6:58）

一个有永生盼望的人，一定有今生的喜乐，因为今生是永生的一部分。一个看见天国荣耀的人，一定给人间带来光彩，因为他身上反射着天光。一个真正属于神的人，一定会更好地服事人，因为他总是看见神在饥渴、生病、坐监、赤身露体的人身上向他招手。（马太福音25:34-40）

住在至高者隐秘处的，必住在全能者的荫下（诗篇91:1）。能越过世界纷纭万象，让心灵栖息在神的隐秘中的人，必能从那里得着不受一切伤害的保护，得着战胜一切仇敌的能力，得着超越一切人间荣辱、得失、成败的支点。

凡是能用钱买来的东西，都不是最宝贵的。人间最宝贵的东西都是不要钱的，都是上帝白白赐予人，且不让人来买卖的。阳光和空气是这样，爱情和良心也是这样。爱情一沾钱就不是真正的爱情了，良心一沾钱就是没良心了。在人人向钱看的世代，请珍惜拿钱买不来的东西吧！

心灵不一样了，态度就不一样。态度不一样了，行为就不一样。行为不一样了，习惯就不一样。习惯不一样了，性格就不一样。性格不一样了，命运就不一样。

你想升高，神就要你降卑。你想聪明，神就要你愚拙。你想坚强，神就要你软弱。你想得胜，神就给你敌人。你想去爱，神就给你伤害。你想作光，神就给你黑暗……

当最难相信的事情来临，当最不可信的情况发生，当眼前的亮光都已经熄灭的时候，我们信心的灯光仍然点亮着。我们选择相信，选择相信那活在我们心里面的神，没有任何权势可以夺去我们深藏的信心。我们这些凭着信心在黑夜走路的人，必能看见曙光。

人生不长，一共才三天：昨天、今天、明天。更可怜的是，人只能活在今天。过好今天的秘诀就是：只活在今天。手扶着犁向后看会毁了今天，为明天忧虑也会毁了今天。

耶稣说他是有血有肉、可吃可喝的。他的血肉是什么？就是他的言谈话语，他的为人处事，他的肺腑心肠，就是他活出来的一点一滴。如果你不亲自到圣经和圣灵里去体会他，谁能为你完整阐释这个浑然一体的完美生命呢？如果你不亲自到这座宝山上登攀、采摘、挖掘，谁能将这座山搬到你面前、交到你手里呢？

一个人只要不丧失自己，他就什么也不会丧失。只有当一个人把自己交给上帝，准确地说，只有当他承认自身全部主权都在上帝手中的时候，他才能永远不会丧失自己。因为他的主权既已属神，就不具备丧失自己的资格了。

圣经说，爱是凡事包容、凡事相信、凡事盼望、凡事忍耐。凡事包容是对人的爱，因为人无完人。凡事相信是对神的爱，因为神是完全。凡事盼望是对未来的爱，因为未来在神手中。凡事忍耐是对现在的爱，因为现在需要百般忍耐。

神希望人活得简单。因为神知道，简单就是幸福。耶稣说清心的人有福了，他要人回归成小孩子的样式，又要人将一切忧虑、惧怕、烦恼，都藉着祷告交托给他，目的就是叫我们活得简单。生活越简单，生命越丰盛；心思越简单，心灵越平安 。

看耶稣吧，他本有神的圣洁、智慧和权能，但他在受欺压时不开口，在被诬陷时不争辩，在受嘲弄时不回敬，在受辱骂时不还口，在受虐待后不报复，明明没罪却被钉十字架。耶稣已留下榜样，叫我们跟随他的脚踪行，我们蒙召原是为此（彼得前书2:21）。

我们很难以德报怨、以爱对恨。我们很难在自己有能力报复仇敌时不报复。我们很难在发现别人的问题后反求诸己。我们很难在自以为真理在握时沉默不语。我们很难在遭受污蔑诽谤时心平气和。要求人这样做，其实并不符合人性。但我们蒙召做上帝的儿女，就是要活出超越人性极限的生命。

一个人的价值，不体现在与别人的相同，而体现在与别人的不同；不在于拥有别人拥有的，而在于拥有别人不拥有的。上帝赋予每个人独一无二的生命。可惜人们总是习惯于攀比，热衷于附庸，却置自己的独特价值于不顾。

爱，是宇宙间最伟大的力量：爱使花香，爱使草绿，爱使太阳燃烧，爱使地球旋转。爱，也是一个人身上最动人、最强大、最持久的能量！因着爱，圣洁甘愿背负污秽，义人甘愿代替罪人，真理甘愿沉默不语，权能甘愿像无能一样。

基督教神学和教义一旦离了基督，就像白天没了太阳，夜晚没了星空，大海没了海水，江河没了水流，年景没了收成，身体没了灵魂，盐没了味，宝座上没了主……（司布

真）

布道家司布真说：如果在我死前，只能再讲一篇道，我还是要传讲我的主耶稣基督。我相信我们做传道人的，在服事结束的时候，都是后悔自己讲耶稣讲得太少。没有哪个传道人会因为讲耶稣讲得太多，而需要认罪悔改。我说：阿们！

麻雀

———

英文有一句谚语：上帝养活每一只麻雀，但不会把食物丢进雀窝里。的确，上帝白白给人恩典，同时也要人用信心来接受，说信的人有福了（约翰福音6:47）！上帝自古就明明启示人，同时也要人谦卑去寻找，说寻找的就寻见（马太福音7:7）！上帝赦免儿女一切罪孽，同时也要他们悔改，说不悔改的必灭亡（路加福音13:3）！

上帝所恨恶的有六样；是的，他心里厌恶的有七样，就是：高傲的眼，撒谎的舌，流无辜人血的手，图谋恶计的心，奔走行恶的脚，吐谎言的假见证，在弟兄中散布纷争的人。（箴言6:16-19）

失去财富的人，失去很多；失去朋友的人，失去更多；失去对上帝的信心的人，失去一切！

你一分钱都不用花，就可以送给人一些无比贵重的礼物：会心的微笑，关切的问候，耐心的聆听，信心的鼓励，真诚的感谢，衷心的祝福，甘心的吃亏，还有善意的理解、宽恕和包容……

不是神不爱我们，是我们常常在认为自己不可爱时，怀疑神是否还爱我们。不是神不帮助我们，是我们常常在困境中，怀疑神是否在帮助我们。不是神不存在，是我们以人的智慧怀疑神的存在。不是神没能力，是我们以人的常识怀疑神的能力。所以神一再对人说：你们要信我；在信的人，凡事都能；信是得着的，就必得着！

为什么汽车的前窗玻璃那么大，后视镜却那么小？因为我们的过去不像我们的未来一样重要，你一定要集中精神看前方、向前进。

人常常在最该感恩时，就是平平安安、顺顺利利、快快乐乐时，忘了感恩。

当人生的希望彻底破灭时，我们难免会悲观地想：这下完了，到尽头了。但神从天上俯视我们，微笑着说：放心吧亲爱的，这不是尽头，这只是一个拐角处，拐过去，前面的路还长着呢！

有些基督徒很喜欢争论。如果两个基督徒在80个神学立场上有79个相同，他们一定会把注意力放在不同的那一个上。也许这就是原罪的一部分？人性会让我们为一些枝节争论不休，却忽略大家都同意的重要话题。

圣经有一段话，被称为爱的真谛，开头和结尾都讲忍耐：爱是恒久忍耐——凡事忍耐（哥林多前书13:3-7）。恒久是一条时间线，凡事是一条空间线。横着要忍耐，竖着要忍耐，横竖要忍耐！一横一竖，正是一个十字架。夫妻、朋友、教会、人间的真爱，都在乎忍耐，担当十字架。

耶稣赐给人这样的生命：该恐惧的时候，他平安；该忧愁的时候，他喜乐；该沮丧的时候，他盼望；该抱怨的时候，他感恩；该报仇的时候，他饶恕；该恨的时候，他爱；该争的时候，他让；该哭的时候，他笑；该死的时候，他活！

神迹都是在不可能的情况下发生的。神迹就是神的大能取代人的不可能。你若信神的大能，就别信人的不可能。你若信人的不可能，就见不到神的大能。耶稣说：在信的人凡事都能。他甚至说："信我的人虽然死了，也必复活；凡活着信我的人，必永远不死。"（约翰福音11:25-26）你信这话吗？

人一定要不在意许多事，才能办成一两件在意的事。你若在意灵魂，就要不在意物质；你若在意永恒，就要不在意短暂；你若在意天国，就要不在意俗世；你若在意神的心意，就要不在意人的目光。

一个人越聪明、越善良，他看到别人身上的美德就越多；一个人越愚蠢、越恶毒，他看见别人身上的缺点也越

多。（托尔斯泰）

你知道吗？你将一切交给神，就是神在为你作一切。你真心赞美神，就是神在成就配得你赞美之事。你向神献上感恩，就是神在向你施恩。你凭着信心投靠神，就是神用他大能的臂膀拥抱你——绝对是这样！没有时间差！

有的人样样都有，却是一无所有，因为他没有神。有的人一无所有，却是样样都有，因为他有神（哥林多后书6:10）。

问：《悲惨世界》是否颠覆了人们对绝对的善与恶的理解？冉阿让偷窃是恶（十诫之八），却是出于救护幼孩的善心；神父在警官面前说谎是恶（十诫之九），却是出于感化罪人的善心。答：所以圣经说，一切诫命的总纲就是爱（马太福音22:40）；爱就完全了律法（罗马书13:8）；爱能遮掩许多的罪。（彼得前书4:8）

对于因罪所遭的管教和责罚，我常以为该当而感恩，因为神若按我的败坏待我，我该受更重的处罚。对于从神而来的祝福和使用，我常以为不配而感恩，因为我深知自己的软弱，有许多比我更配的人。对于为主耶稣所受的劳苦和屈辱，我常以为值得而感恩，因为世上没有谁这么爱我，这么可爱，值得我将生命献上！

基督徒是什么人？基督徒不过是一群欠债而被赦免、

趴着而被扶起、坐牢而被释放、死了而被救活的人。既然如此，在依然欠债、趴着、坐牢、死了的人们面前，基督徒有什么好夸口的呢？又有什么不能体恤呢？（马太福音18:24-34）

上帝要重用一个人，会让这个人在他面前一直跪着，必要的时候不惜打断他的腿，叫他不得不跪下。因为上帝知道，人，除非在他面前一直跪着，否则，无法在人面前一直站着。

深深的恬静中，神对我说：你要发预言吗？你要知道更多人间的事吗？为什么？是俗心还是虚荣心？难道与我同在不是更好吗？是的，我的神！

伫立在太平洋岸边。我向上帝说，我要为你做这做那。上帝沉默。我向上帝说，求你成全这成全那。上帝沉默。我向上帝说，愿全地荣耀你的名。上帝沉默。当我沉默下来时，上帝说：你进到我里面，便是一切。我的心顿时像眼前的大海一样辽阔，像头上的蓝天一样静谧，又像站立在大地上一样站立在上帝的信实中。

理性地争辩细小琐碎的事，绝非神性的表现。神性，只是自我流露——不顾一切、不可阻挡、宏大无边、席卷一切的流露。

大卫是以色列历史上最伟大的君王，但读他的诗，会发现很多是忏悔诗。这难免不叫人联想：一个人的伟大不正是源于他在神面前始终保持着卑微吗？同样，大卫是一个强大的人，但他的诗歌里充满了哀求，这也不能不叫人想起：一个人的强大不正是来自他在神面前的软弱和依赖吗？

大卫一生有两个知道：第一，他始终知道自己的可怜，因为上帝常将失败和患难加给他。第二，他始终知道自己的可爱，相信上帝对他不离不弃、视若瞳仁。第一个知道，使大卫始终虚心仰望上帝；第二个知道，使大卫大有信心战胜仇敌。

一个被上帝饶恕的罪人，怎么能抓住他身边的罪人不依不饶呢？一个被上帝怜悯的罪人，怎么能对他身边的罪人毫无怜悯之心呢？

古希腊哲学家苏格拉底自嘲说：不管怎样，男人该结婚，因为找到一个好太太，你会很幸福；找到一个不好的，你会成为一个哲学家。

人生就是一次寻找之旅：在短暂中寻找永恒，在未知中寻找真相，在物质中寻找精神，在肉身中寻找灵魂，在堕落中寻找救赎，在绝望中寻找希望，在大海中寻找彼岸……人们空空而来，寻寻觅觅一生，然后空空而去。少有人回应上帝的呼唤：你在哪里？到我这里来！（创世纪3:9；约翰福音6:35）

耶稣来，不是来使人不再软弱，也不是来领人绕过软弱，而是来作人软弱时的帮助。耶稣来，不是来消灭人的苦难，也不是来解释人的苦难，而是来承担人的苦难。耶稣来，不是来除去人肉身的衰残和死亡，而是要叫人在肉身渐渐衰残时，内心却一天新似一天；在步入死亡时，却带着永生的盼望。

不能夸自己的信心，有信心的人只会更谦卑。因为信心不过是敞开了一道心门，神得以由此进入。信心本身不拯救人，是神进入这门来拯救人；信心本身也不医治人，是神经由这门进入人里面来医治人。

圣经说，恶必害死恶人（诗篇34:21）。同样，善必善待善人。罪必追讨罪人。爱必拥抱爱者。动刀的必死在刀下。论断人的必被论断。苦待人的必被苦待。成全人的必被成全。饶恕人的必蒙饶恕。人用什么量器量给人，必用什么量器量给他。（马太福音7:2）

跟随耶稣传福音，这一使命之伟大，让世界上一切伟大显得猥琐不堪；这个使命之神奇，让世界上一切神奇都显得平淡无奇。一旦你被呼唤来承担这一使命，一旦你专心致志于这一使命，你的人生立刻就不再一样。你的生命之帆改变了航向，迎着天国的霞光驶去！

灯泡，你怎么摇它、擦它、照它、烧它，它都不会亮，唯有将它连接上电源就亮了。这就是为什么上帝要人信他优先于要人行善。因为人本身没有善，即使立志为善也难以行出来（罗马书7:18）。唯有与神连接，人心才有善力，人生才有亮度。

耶稣说：我的国不属于这世界（约翰福音18:36）。神的国既然不在这世界，那么当耶稣说"神的国在你们心里"时，意义就非同小可：原来他看重我们的心高过全世界；他把一切的爱和期望，全放在我们心里了！

天天向你招手的世界，其实一点儿也不爱你；对它来说，你不过是一个来去匆匆的过客。但对一个真正爱你的人来说，你就是整个世界。在神眼里，你却比整个世界更重要。耶稣说，就是全世界的价值加在一起，也不如你的一个灵魂宝贵。（马太福音16:26）

求印证、看先兆的信心，不是真信心。看见了曙光才相信黎明，叫什么信心呢？在黑夜就因天明而喜乐，才叫信心。看见神迹才相信神，叫什么信心呢？不凭神迹就信神，才叫信心。得到祝福才相信神，叫什么信心呢？没得祝福就感恩，才叫信心。这样的信心才能迎来黎明、神迹和祝福。

耶稣说：哀恸的人有福了，因为他们必得安慰（马太福音5:4）。为什么？因为哀恸的人懂得生活的无奈，感到生命的无力，深知灵魂的无助，而这正是人的真实写照。所以哀恸的人最接近真理，哀恸的人最渴望拯救，哀恸的人最需要神。哀恸本身就是人对神的呼唤。这样的人，神岂能不安慰他呢？

对神的信心和自己的努力一点也不矛盾，而是相辅相成。你若信地下有水，你就一定会奋力挖掘。你若信神已给你预备，你就一定会积极寻找。所以耶稣一面说，信是得着的，就必得着；一面又要人祈求、寻找、叩门。（马太福音7:7）

温柔不是一种外在的待人态度，而是一种内在的心态。面对别人的过犯，心里有体谅。面对别人的冒犯，心里有慈悲。面对别人的误解，心里有理解。面对别人的敌意，心里有和平。面对暗，心里有光。面对恶，心里有善。面对恨，心里有爱。面对人，心里有神……

为什么神总是理解人、怜恤人、设身处地为人着想？因为神就住在人里面，在人的最深处体验着人的一切软弱，承受着人的一切艰难。他比人自己更了解人，更知人的限度。

神为什么允许人有苦难？因为苦难可以还原、甄别、成全人。还原人是渺小的，甄别谁是可塑的，成全那信靠他的。

当我热心于救国救民，上帝却说，我要拯救你和你一家。当我热衷于追求上帝深奥的知识，上帝却说，我要赐给你一个单纯的生命。当我立志要为上帝打胜仗，上帝却说，我要在你身上动工，破碎你、制服你。

我本是尘埃，你将我吹起，从此我的生命充满生机。我每天尽情地赞美你，这是你创造我的目的。我的心门时时向你敞开，不愿跟人说的话我愿跟你说，不愿跟人讲的事我愿跟你提。风雨夜是你陪伴我，软弱中你给我勇气，我本无能是你让我充满能力。噢耶稣，我要传扬你，无论今生走到哪里！【迦南诗歌1540首】

十字架的总意是弃己而爱人：不坚持自己的权利，不使用自己的能力，不辩护自己的道理，不拥有自己的一切；让无权的人得权利，让无能的人得能力，让无理的人得真理，让一无所有的人拥有一切。自己不该受罚却受罚，为的是让该受罚的不受罚；自己不该死却受死，为的是让该死的不再死。如此大爱，何等恢弘！

信心的伟力出人意料，信心的奥秘无人尽晓。【信心与理性】对上帝的信心，是一种超越理性却不违背理性的心灵能量。【信心与行为】人面对上帝，是凭着信心而不是德行，但信心会产生德行。【信心与现实】信心不顾现实，突破现实，在现实的惊讶中创造出新的现实。

假如人的理性可以突破时空而洞悉永恒，我们就无需用信心来领受上帝的超然了。假如人的行为可以毫无过犯而臻于完美，我们就无需用信心来接受上帝赦罪的恩典了。假如人的命运不是变换无常而尽在意料之中，我们就无需用信心仰赖上帝全能的护佑了。

人人想幸福。什么叫幸福？我跌倒时，有人扶起；我犯错时，有人理解；我不配时，有人接纳；我忧伤时，有人安慰；我软弱时，有人帮助；我危险时，有人保护；我迷茫时，有人指引；我可怜时，有人拥抱；我可恨时，依然有人爱！我知道只有一个人这样待我，就是耶稣。我的幸福在耶稣里。

人既然活在时间里，那么在一切的事上，不管情愿不情愿，都得学会等候，等候上帝在时间中行走的脚步。有信心的人，在平安中等候。因为信心是所望之事的实底，是未见之事的确据。（希伯来书11:1）

除了耶稣，没有一个人不会令你失望。没有一个人能以你的饥为饥，以你的渴为渴，以你的痛为痛，以你的苦为苦；没有一个人能完全体会你内在的软弱与无奈；没有一个人能一次又一次地原谅你、接纳你；没有一个人能无私地将自己的饱足和快乐奉献给你，愿意为你死！

误区

很多人有一个误区，以为神只爱那些信他的人，不爱那些不信他的人。实际上神爱每一个人。不信神的人，不是神不爱他们，是他们用不信拒绝了神的爱。就像流浪的孤儿，因不信有家而拒绝父爱，就继续流浪着。又像行走在黑暗中的人，因不信有太阳而拒绝阳光，就继续在黑暗中。

要想在人间寻找一个、或将自己塑造成一个纯然可爱、完美无缺的人，完全是不可能的。耶稣告诉我们，人只有在忍耐着爱那些不可爱的人的过程中，才能使自己变得比较可爱；人只有在恒久地接纳那些不完美的人的过程中，才能使自己接近完美。

基督徒最怕的是什么？不是怕德行上站不住，也不是怕道理上站不住，而是怕与神的关系上站不住。神看人的德行与道理，但更看重人与他的联结。人的行为固然要紧，但属于谁更要紧。耶稣说，葡萄枝连于葡萄树，这就是一切！

基督徒常说神掌管一切，一切仰望神，这和宿命论有什么两样呢？在太平洋上，你若躺在一条小舢板上任其漂流，这就是宿命论，因为你无依无靠，不知方向。你若躺在一条游轮上安然入睡，就不算宿命论，因为你知道有驾驶、有导航、有保障。基督徒知道有一位神，他掌控着宇宙，也看顾着自己。

不管人知道多少，就他所当知道、所想知道的而言，仍是不知道。所以信仰的力量，不在于知道多少，乃在于相信多少。人有很多知识却没有信心，等于一无所知。婴儿在母亲怀中知道什么呢？是100%的相信使他尽享母爱。

内心要有正气，做事要有勇气，说话要有底气。这三气出于信心。信心不是建立在财富、知识、权力、美貌、德行等变幻不定的东西上。信心来自对上帝的信仰。上帝在哪里？上帝在耶稣的生命里。他给每一个愿意正视他的人带来了信心，带来了正气、勇气和底气。

不是你说你是什么人，你就是什么人；而是你对人什么样，你就是什么人。你对人慈爱，你就是个慈爱的人；你对人刻薄，你就是个刻薄的人；你对人谦卑，你就是个谦卑的人；你对人骄傲，你就是个骄傲的人。人的生命品质，总是在、也只能在对别人的态度上浮现出来。

谁能活出耶稣如下吩咐，谁就是内心最强大的人：你的仇敌，要爱他。恨你的人，要对他好。咒诅你的，要为他祝福。凌辱你的，要为他祷告。有人打你这边的脸，连那边的

脸也由他打。有人夺你的外衣，连内衣也由他拿去。有人抢走你的东西，别要回来……（路加福音6:27-30）

至高无上的喜乐是灵魂之眼在极深邃、极静谧的隐秘处，望见上帝不可抗拒的笑脸。那时一切存在都不复存在，现实世界消失得无影无踪。原先心灵的重负和痛苦变成了飞向喜乐之神的翅膀；原先的重负和痛苦越是铺天盖地，此刻的飞翔就越是兴高采烈。

我知道一个真理：不管什么时候，我只要与污秽的东西争辩，或胜利或失败，总是把自己弄脏了。（马丁路德）

对于污秽，最好不去碰它而是远离；对于试探，最好不是抗争而是逃避；对于罪人，最好不是指责而是交给主；对于非要和你辩论不可的人，最好不是迎头而是躲让——因为我们毕竟都是软弱、有罪、有限的人。

一个人若能诚实地正视自己的软弱和不洁，就不难仁慈宽厚地对待别人，也不难心生对上帝的敬畏和感恩。

夏日清晨，一个孩子站在教堂里，阳光透过窗户，活鲜鲜照出一个由彩色玻璃镶嵌的圣徒像。孩子听见一个微小的声音问：圣徒是一个怎样的人呢？孩子回答说：圣徒是一个让光穿透的人。

大智慧把复杂的东西弄简单，小聪明把简单的东西弄复杂。一位物理学家对我说，一个方程式，如果看起来简单干净，大概就是对的；如果看起来复杂邋遢，大概就是错的。耶稣身上有一种简单的美：回归婴孩就能进神的国；凡仰望我的就必得救。何等简单！能承受这简单的人是有福的。

慕安德烈说，让基督进入一个不信者的心中作他的救主，是一件很难的事；然而，一个让基督进入心中作救主的人，要将基督活出来，是一件更难的事。

船被礁石卡住，是祷告求神挪去礁石呢，还是求神涨高水位，划过礁石？人生遭遇苦难，人们常常求神拿走苦难，却少有人求神提升自己的信心和勇气，度过苦难。或者环境改变了，你却依旧软弱；或者环境依旧，你却变得强大了，你向神求哪一样呢？

每个人都可以扪心自问：我所知道的道理，我能行出来多少？诚实的人一定承认，我所知道的多，行出来的少。既然如此，一味地辩论道理，有什么意义呢？一味用道理责备人，算得了什么呢？耶稣提醒我们，不要做一个能说不能行、只会教训人的人。（马太福音23:3-4）

与高尚的人为友，品格会变得高尚；跟睿智的人相交，才智会得到激发。一个人若以耶稣为最知心的朋友，他将从耶稣身上获得何等的品格和能力呢！

成圣，不是指品格上完美无瑕。这是人望尘莫及的。

成圣是指与世界分开，与上帝连合，归上帝为圣（出埃及记
13:2）。一只羊是俗物，摆在祭坛上就是圣物。金子是俗
物，放在圣殿里就是圣物。我们都是俗人，一旦全然献给上
帝，一生跟随耶稣，就成为圣徒。彼得、约翰他们没有一个
是完美的，但都是圣徒。

与世界分开，不仅包括与罪分开，洁净；也包括与利分
开，吃亏；与情分开，清静；与人分开，孤独；直至与己分
开，舍己、死去、放弃自己的一切人间权益。当上帝逼一个
人与世界分开，让他不能沾罪，吃大亏，遭冷遇，守孤独，
处无奈，只能仰望上帝。这就是别人得不到的大恩典临到他
了。

能饶恕那些难以饶恕的人才是真饶恕；能尊重那些不受
人尊重的人才是真尊重；能善待那些恶待自己的人才是真善
良；能爱那些不爱自己的人才是真爱。耶稣说，你们若善待
那善待你们的人，单爱那爱你们的人，有什么可酬谢的呢？
就是罪人也是这样。（路加福音6:32-33）

你去坐在末位上，高位就给你。上帝眼里最圣洁的人，
都是自视为卑微的人；他们越荣耀神，就越自觉卑微。他们
既被真理和天光所充满，就不贪图人间的名声。他们既坚固
扎根于上帝，就决不会自高。他们既将一切美善都归给上
帝，就不互相受荣耀，而只求从独一上帝来的荣耀。（《遵
主圣范》）

小心祷告的误区。不是求神给我能力，我去战胜仇敌，而是相信神的能力，他已经战胜仇敌。不是求神给我智慧，我去判断善恶，而是相信神的判断，顺从他的带领。不是求神帮助我，达成我的心愿，而是将自己交给神，满足他的心愿。不是求神指明道路，我自己去走，而是拉着神的手，走那不知道的路。

神让你遇见上不去的高山，为的是让你仰望他那比山更高的臂膀。神让你遇见过不去的大海，为的是让你看见他那分开海水的大能。神让你遇见躲不开的狂风巨浪，为的是让你看见他那踏着风浪向你走来的身影。

经验丰富的水手知道，在暴风雨中只能做一件事，就是把船停在一个地方不动。人生有时黑暗得白天看不见太阳，晚上望不见星星，那时你只能做一件事，就是停靠并安息在神里面，不管昏天黑地，飞沙走石，你只管抓住创造日月星辰的神不放，直到大光小光都向你显明出来。

信心的投入，是相信我们所不见的；信心的酬报，是看见我们所相信的。（奥古斯丁）

信心能以任何形式表达自己。病人相信神会医治、不去看医生是信心，相信神会藉医生医治也是信心。危难中相信神会救命是信心，相信生死都在神手中也是信心。祈求一件事相信神会成全是信心，相信不成全也有神美意也是信心。信仰越深入，越不会拘泥于一己之领受、一己之经历。

重病孩子的父亲对耶稣说：你若能做什么，求你帮助。耶稣回答：你若能信，在信的人，凡事都能（马可福音9:22-23）。为什么当人向神求帮助，神先向人要信心？为什么神的大能与人的信心有关？因为神的大能已成就万事，只剩下一件事，就是人用信心来支取。就像空气已经包围着我们，只待我们来呼吸。

上善若水，水往低处流。如果你责问上帝，我为什么这么枯干？那么一定是你在他面前太自高了。你若说，上帝啊，滋润我吧，那你就要有心理准备，上帝会铲平你，深挖你，让你处身低下，好让他那生命的活水注入你。

富足有余的人，谁还给他呢？所以在上帝面前，我宁愿是贫穷人。酒足饭饱的人，怎么还吃得下呢？所以在上帝面前，我宁愿是饥饿者。真理在握的人，谁还能教导他呢？所以在上帝面前，我永远是小学生。品格完美的人，谁还能提升他呢？所以在上帝面前，我永远是罪人，一个蒙恩的罪人。

没有什么比甘心的忍让带着更大的能量。没有什么比自愿的吃亏藏着更大的利益。没有什么比为神忍辱负重更讨神的喜爱。没有什么比安然的交托带来更大的果效。（彼得前书2:19-23）

既然是大人，就不当和小孩子一般见识。既然是天国的子民，就不当因尘世的得而喜、失而悲。既然是上帝的儿女，就当容得下世人容不下的冤屈苦楚。既然是得了永生的人，就不当在今生这一瞬间与人过不去。既然蒙召，行事为人就当与蒙召的恩相称（以弗所书4:1）。

知道如何与耶稣不间断地交流，是人的一切才能中最奇妙的才能。知道如何将耶稣留在自己心中，是人的一切智慧中最伟大的智慧。（荒漠甘泉）

A.信心如同一条银线，将各种美德如同珍珠串在一起；如果信心失去了，所有的美德也就死去了。B.信心的脚步似乎是踏在空处，但在他脚下有一块透明的磐石。C.焦虑的开始就是信心的结束，信心的开始就是焦虑的结束。（灵修集锦）

心理学家Wayne说：一个人要身心健康和谐，就要100%饶恕别人。当无罪的耶稣被当成罪人钉在十字架上，他说：父啊，赦免他们，因为他们所做的，他们不晓得。林语堂说这是世界上最美的一句话。马克吐温形容，这是被人踩烂了的紫罗兰，所流溢出来的沁人的芳香。（《和谐之美》）

去帮助那些比自己更可怜的人，会使自己不再自怜。去服侍那些身心有残障的人，会使自己的身心健全起来。去关注那些不幸的人，会发现自己的幸运。去怜悯贫穷的人，会使自己变得富有。为那些比自己更痛苦的人祷告，会更有效地挪去自己的痛苦。施比受更为有福。（使徒行传20:35）

犯罪带来的快感转瞬即逝，圣洁产生的喜乐永远长存。贪欲的满足不是真正的满足，摆脱贪欲后的知足才是真满足。耶稣说：不要为那必坏的食物劳力，要为那存到永生的食物劳力，就是我要赐给你们的。（约翰福音6:27）

人若不认识永恒，自然会把短暂当作唯一，把生命投注于短暂中，最后和短暂一同灭亡。认识了永恒的人，轻看短暂，却在轻看短暂中完成短暂的价值，这就是：在短暂中迈入永恒。（约翰福音17:3）

真理历来是双刃剑。同一本圣经，谦卑的人越读越谦卑，骄傲的人越读越骄傲。同一本圣经，叫靠着圣灵的人在生命上更新，叫注重字句的人在字句上僵死（哥林多后书3:6）。同一本圣经，用来对付自己，自己受益无穷；用来彼此论断，引起无尽纷争。

你能凭自己的劳动，使百合花盛开在辽阔的旷野吗？你确实不能，但你要相信，神能。你能挥洒夕阳的余辉，为天空抹上绚丽的晚霞吗？你确实不能，但你要相信，神能。你能让翻腾的心平静下来、将一切忧虑烦恼逐出心境吗？你确实不能，但你要相信，神能！（《荒漠甘泉》）

上帝藉着生活中的苦，让我们懂得并珍惜人生中的甜。上帝藉着人的丑陋和缺欠，让我们仰望他的美善和能力。上帝允许魔鬼存在，好让我们在警醒中成长。上帝将仇敌摆在他儿女们面前，好锤炼出他所需要的一个个勇士。上帝设立

火炉，为的是熬炼出精金。（约伯记23:10）

一眨眼

———〜———

　　回头看人生，总是一眨眼：几个月是一眨眼，几年是一眨眼，几十年、一辈子也是一眨眼。为什么逝去的岁月总是一眨眼般短暂？原来神把永生放在人心底（传道书3:11）。当人以永生的渴望看今生，就像一个分数以无穷大作分母，不管分子是多少，得数总是无穷小。

　　人生是一个时段。以每一点观之，全程很长；以全程观之，每一点很短。沉溺其中，其重无比；超然其上，不过虚幻。贪恋它则忍受它的苛刻；轻看它则享受它的雍容。偏行己路，迷失其中；遵从神意，稳行高处。求神指教我们怎样数算自己的日子，好叫我们得着智慧的心。（诗篇90:12）

　　主日领圣餐时，一个声音轻轻对我说：你受苦了！我眼中涌出泪水，说：主啊，你为我们受过大苦！我想知道，你所爱的人也要像你一样受苦吗？或是藉着你的得胜，他可以免去受苦？那个声音说：我所爱的，也要像我一样受苦，也要像我一样得胜。（马可福音10:39）

人若讲理，就不能不秉持己见；人若去爱，却非得舍己不可。这就是为什么人人都会与别人讲理，而不是人人都会去爱别人。我若能说万种方言，天使话语；我若讲道如先知，明白各样奥秘；我若有全备信心，各样知识；却没有爱，我就是空锣响钹，什么也不算，全与我无益。（哥林多前书13:1-3）

我喜欢看雨，喜欢听风，喜欢登山，喜欢涉水。我喜欢大自然中的一切，就好像婴儿本能地依恋并享受母亲的怀抱一样。我的灵魂可以敏锐地感受到，大自然的每一点一划、一动一静，都是上帝对我的抚摸和低语；而我这一颗渺小、孤单的灵魂，是多么需要与他的互动啊！

为什么我们无论何时仰望神，神总是在看着我们？因为那感动我们仰望他的，正是他关注我们的目光。为什么我们多么亲近神，神就多么亲近我们？因为那引导我们亲近他的，正是他对我们的亲近。

没有恩典，真理也会恐怖。没有爱，一切都会变味。父母爱孩子，规定几点睡几点起、吃什么穿什么、做什么禁什么。但这些规矩落在无情的管家婆手里就苦了孩子。她说得不错：这是你们父母的一片爱心！她却一点爱心也没有。直接面对耶稣吧，他充充满满地有恩典、有真理。

我们所信的，不是一种无情的法则，而是一位有情的主宰。我们不再落在一个无情无义的世界里，仿佛那些没有指望的人，整日生活在惧怕中。我们是落在一位有情有义的父手里，在他温暖的家里，他以笑脸看顾我们，他的管教也是恩典，在他的爱里，我们降服，并没有惧怕。（约翰一书4:18）

帕斯卡尔说，一个跛脚的人并不使我们烦恼，但一个跛脚的精神则使我们烦恼。因为一个跛脚的人承认我们走的正直，而一个跛脚的精神却说我们是跛脚的。所以精神的残疾是最严重的残疾，心灵的瞎子是最可怕的瞎子，自义的罪人是最可怜的罪人。

在时空之内，没有一件事是尽如人意的。凡有形体的，没有一样东西是十全十美的。凡父母所生的，没有一个人是无可指责的。凡出自人口的，没有一种意见是绝对正确的。所以，自己要谦卑，不自以为是；对人要包容，不求全责备；遇事要忍耐，不一意孤行。

我们知道，这世界上的一切不过是浮云流水，没有一样不在变化和消失当中（传道书1:2）。所以，这世界上再好的东西，也只可享用，不可占有，否则必生懊悔；再美的事物，也只可欣赏，不可依恋，否则必生痛苦；再伟大的事业，也只可参与，不可作为终极关怀，否则必生失望。

照着你们的信，给你们成全了吧（马太福音9:29）。祷告要透彻，意思是说：要祷告到完全的信心里去；祷告到还在祷告的时候，就已经有了把握；祷告到知道我的祷告已蒙垂听，已蒙悦纳；祷告到事情还没有实现，我已经看见实现了；祷告到我所求的还没有到来，我已经得到了。（Sir R. Anderson）

你若是白的，被人说成黑的，为什么反驳呢？不是连小孩子也看得出来你是白的吗？你若是直的，被人说成弯的，为什么在意呢？不是连瞎子也摸得出来你是直的吗？你若是香的，被人说成臭的，为什么不爽呢？不是连猫和狗也嗅得出来你是香的吗？不要为自己申辩，主知道一切。（罗马书12:19）

一个人越认识神，就越认识自己。这就好像越接近永恒，就越发现自己短暂；越接近圣洁，就越发现自己污秽；越进入绝对，越发现自己相对。所以谦卑不仅是认识神的前提，也是认识神的结果。可为什么一些认识神的人也会骄傲呢？原因是：他们不是藉着耶稣认识神。

趁着你有能力帮助人的时候去帮助人吧，这就是你的价值。趁着你有资格饶恕人的时候去饶恕人吧，这就是你的美德。趁着你有心情安慰人的时候去安慰人吧，这就是你的福份。趁着你有力气拥抱人的时候去拥抱人吧，这就是你的机会。

你若把恩典看得比施恩典的主更重要，主就会拿走恩典，好让你再次仰望他自己。因为神知道，他自己，既是一切恩典的源头，就远比一切恩典更重要。

站在自我的立场仰望神，同站在神的立场看自我，两者相差悬殊。前者，神不过是一位解决我问题的神，我以自己为出发点，永远跳不出愁苦牢笼。后者，则是站在神的高度看我和我的问题，仿佛从永恒看短暂，从真实看虚幻，从圣洁看污秽。这样以神为出发点，就超越了自我，释放了自我。

很多时候，耐心等候比努力耕耘要重要。大地上每一样收成，不仅需要努力耕耘，更需要耐心等候。圣经说：弟兄们哪，你们要忍耐，直到主来。看哪，农夫忍耐等候地里宝贵的出产，直到得了秋雨春雨。（雅各书5:7）

我们若学会不因人的称赞而得意，也就不会因人的轻蔑而气恼了。若知道我们本不是靠世界的恩典活着，也就不会因世界的冷酷而绝望了。我们若不把自己看得太高，也就不会对自己的软弱感到意外了。

耶稣教导我们不要以眼还眼、以牙还牙，意思不仅仅是不复仇，更重要的是：不要像可恨的人一样可恨，不要像卑劣的人一样卑劣，不要像没见识的人一样没见识，不要像凭血气的人一样凭血气，不要像犯罪的人一样犯罪。你们要慈悲、要完全，因为你们的天父是慈悲的、完全的。（路加福音6:36；马太福音5:48）

耶稣说，神若不允许，一只麻雀也不会掉在地上（马太福音10:29）。这句话的人生含义很深：高飞时不要担忧掉下来，因为有神托住；掉下来也不要抱怨，因为有神允许。既然知道成败得失都由神掌管、都有神美意，那么你就得到了变幻人生中不变的祝福：平安。

无须讳言，"必须单单依靠神"的境况，是我们最怕遇到的。罪性在我们身上是如此根深蒂固，只要神还留下任何东西是我们可以依赖的，我们就不会转脸向神。或许当那日来临，那些曾经被迫在地球上就开始练习单单依靠神的人，最感欣慰。神的强迫是件好事，但要在当时就明白这一点多么难！（C. S. Lewis）

一个受造物应当有的美德，就是将自己降服在创造者面前。纵观当今世界，所有问题的解决，都有赖于恢复这种自我降服。我们不只是需要改良的受造物，我们是背叛者，是需要放下武器的背叛者。由于我们心中充斥着自以为神的潜意念，所以自我降服无疑就是一种死亡；我们必须天天向自己死。（C. S. Lewis）

宇宙中有开采不完的钻石，有数算不清的财富，也有享受不尽的生命。不要说我们必定死，我们有希望在永恒。不要说我们多渺小，信心所及之处，都有大能的惊喜。不要说这是一派自然，它的每一笔都飘逸着上帝的超然。【科学家再次确认宇宙一瞬间诞生】

当你痛苦时，你不要说：主啊你在哪里？他正在你的心底感受着你的痛苦。在患难中，你不要说：主啊你在哪里？

他正在十字架上担当你的患难。可怜的人都当仰望耶稣，忧伤的心他从不轻看，因为他正是那位降下人间来救拔可怜人的神。

受洗归入耶稣23年了。23年来，多少温暖，多少惊讶，多少光明，多少喜乐。多少奔波，多少软弱，多少呵护，多少管教。感谢天父，一切尽是福！

神有时温柔地与我同在，有时严厉地与我同在，有时在我不知不觉中与我同在。不知不觉与我同在时，我常常忽略他。温柔地与我同在时，我容易放任自己。令我最感恩的，是他严厉地与我同在的时候。那时候，我总是最清醒，最长进，最得力，最蒙福。我乐意在天父的严厉中享受平安。

我相信爱是终极的力量，尽管世界已被恨掳掠。我相信善良必然得胜，尽管邪恶正在吞噬善良。我相信上帝时刻与我们同在，尽管他此刻默默无声。我相信耶稣是万王之王，尽管恶者已将他钉在十字架上。

信心不是空想，信心是行动。神按人的信心为人成全，是在人凭信心的行动中。亚伯拉罕的信心是把儿子献上，山上就有预备。约书亚的信心是将脚踏入约旦河水，水就分开。血漏女人的信心是挤过千人去摸耶稣的衣裳，病就立刻好了。你在什么事上信神，就在什么事上凭信心采取行动吧！

有人问一位圣徒：什么叫向世界死（加拉太书6:14）？圣徒就让他去一个人的墓地大声责骂，然后问：他有反应吗？答：没有。又让他去另一个人的墓地大声夸奖，然后问：他有反应吗？答：没有。圣徒说：不管怎么对待你，你都不在意，这就是向世界死。

我们常把这件事、那件事交给神，期待神为我们成全。有一天我意识到，如果我没有将自己完全交给神，如果神不能随己意处置我这个人，他如何随己意处置我的这件事、那件事呢？所以，将自己献上当作活祭的人，才能察验神那善良、纯全、可喜悦的旨意。（罗马书12:1-2）

谁是可怜人？不是被欺辱的人，而是欺辱人的人；不是置身于死地的人，而是置人于死地的人。因为甘愿受辱受死的人，内心是强大而高贵的。

耶稣的故事，耶稣的话语，耶稣的奥秘，永远不会是老生常谈，而是愈久弥新。每一次念及他，都像品尝刚采摘的葡萄。每一次阅读他，都获得当下的新意义。每一次思想他，都发现他比以前更深厚。每一次走近他，都增加一份爱的心情。

信，在黑夜里信有太阳，在寒冬里信有夏天，在旷野里信有道路，在沙漠中信有甘泉。信，在密布的乌云后，信有一个常蓝的天；在转瞬即逝的万象外，信有一个永恒的道；在信不过、靠不住的人之上，信有一位信实的神。

　　属灵的骄傲比属世的骄傲更可怕。属世的骄傲导致人的跋扈，属灵的骄傲则导致以神的名义跋扈。属世的骄傲高喊着：哪里有神？属灵的骄傲则宣告：神在我手里！难怪历史上的宗教迫害更残酷无情。置耶稣于死地而后快的也是宗教领袖，而非世俗政权。

　　如果你学会体贴别人，你就更加像基督，因为他有温良的心，总是替别人着想。口出慈悲的话语，顾惜别人的名声，就像给赤身裸体的基督披上衣服。Clothe the naked Christ — by your charity in words and protecting the good name of others. 德雷莎修女《爱的简约》

　　美国开国总统华盛顿：离开至高者的介入来理解宇宙的创造，是不可能的；掌管宇宙而没有至高者的手，是不可能的；彻底地理性思考而不通向至高者，也是不可能的⋯⋯一个理性的存在物将失去理性，如果他在试图陈述伟大的自然现象时排除至高者的存在。

　　人定睛什么很重要。定睛自己所知道的，就生出骄傲；定睛自己所不知道的，就生出谦卑。定睛自己所没有的，就生出抱怨；定睛自己所拥有的，就生出感恩。定睛自己的私欲，就生出罪孽；定睛别人的需要，就生出善行。

　　不要等到上帝挪去苦难，你才露出笑脸；你要先露出笑脸，上帝就挪去你的苦难。因为他知道，当你在苦难中仍可以喜乐起来，你的一生就可以被喜乐充满了。他也知道，人

不是有力量就喜乐，而是有喜乐就有力量。圣经说：从上帝而来的喜乐，是我们的力量。（尼希米记8:10）

不要只把困难交给上帝，要把自己和困难一起交给上帝。小孩子在楼梯下，抱着一个玩具上不来，他呼喊爸爸，爸爸就下去把他和玩具一起抱上来。小孩子在信靠和仰赖上，比成年人更棒。

人都不愿落入痛苦无奈的境地。但痛苦无奈至少有三样好处：省察自己的软弱与过犯；锤炼自己的忍耐和刚强；引导自己把目光转向超然、慈悲和公义的上帝。如果加上学会理解和体谅别人的痛苦，那么痛苦无奈就有四样好处了。

一个人只要在圣洁公义的神面前问心无愧，他就可以在世人、罪人、敌人面前站立得住。黑暗不能吞噬他，他却要驱散黑暗，因为主与他同站立，凡攻击逼迫他的，就像用脚踢刺。（使徒行传26:14）

耶稣的生命是完全的，大能和大爱结合在他身上。你不能只要他的得胜，不要他的牺牲。你不能只要他的荣耀不要他的屈辱，只要他的医治不要他的伤痛，只要他的福杯不要他的苦杯，只要他的复活不要他的死，只要他的永生不要他的十字架。全要了才平安，担子轻省轭容易。

一座山有多高，它的谷就有多深。宇宙有多大能量，它就有多大胸襟。上帝有多么伟大，他就有多么安静。一个人有多少真理，他就有多少谦卑。

上帝的真实，胜过一切可见之物。你若能潜心亲近上帝，向他倾心吐意，哪怕只是向他一个真诚的致意，他都不会让你空手而归。你会带着他的馨香，他的安慰，他的力量，回到现实生活中。这就像你把水桶深深系入井底，提上来不会是空的。

被上帝宠爱时赞美他，被上帝管教时也赞美他吗？是的，他管教你时，显为公义（诗篇51:4）。得福时赞美他，遭祸时也赞美他吗？是的，你赤身出自母胎，也赤身归回，赏赐与收取的都是他（约伯记1:21）。生赞美他，死也赞美他吗？是的，到他那里去，好得无比（腓立比书1:23）。愿你的一生是一个哈利路亚！

心中有耶稣，四围就有天使。里面有信心，外面就有天军。灵魂有喜乐，身体就有健康。生命有爱，生活就有光。

在我的意识意识不到的心灵深处，存放着我对上帝的全然信赖。这份信赖不仅不会因环境而改变，不会因任何人和事而改变，甚至也不会因我意识上的疑惑而改变。当我发现这一点，我就一阵惊喜，因为我知道我已经无法不属于上帝了（以赛亚书43:1-2）。

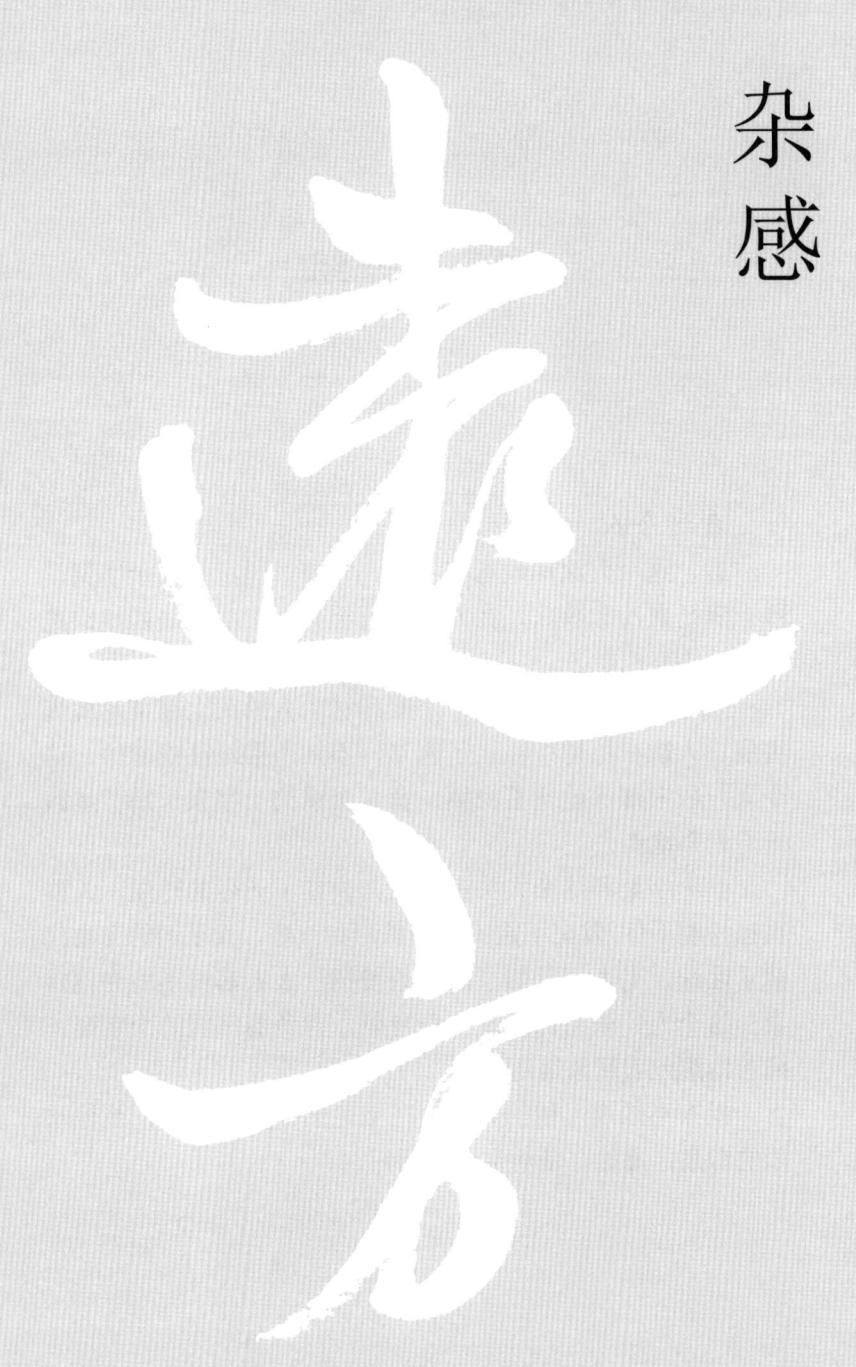

杂感

远方

随笔一组

看这个人

看，这个人深深地弯着身躯，背着一付沉重的十字架，脸上满是血污和唾沫，在人群的嘻笑叫骂声中，痛苦地踉跄着朝一块墓地走去。

墓地上有光照过来。十字架和这个人的头上越来越辉煌绚丽。人群在惊愕中停止了叫骂，不知所措地注视着他。这个人，依旧深深地弯着身躯，背着沉重的十字架，痛苦地踉跄着朝墓地走去。

当十字架和这个人头上的荣光映红了天际的时候，人群再也抑制不住，发出了雷鸣般的掌声和欢呼，女子们的飞吻代替了吐沫，老人们开始了深沉的赞扬，人人都恨不能为他自豪！这个人，依旧深深地弯着身躯，背负着沉重的十字架，痛苦地踉跄着朝墓地走去。

世人不知道，他的力量全在于他的痛苦。痛苦，是他欢乐的源泉；墓地，是他生命的枢纽。

祷告一

上帝啊，我不求什么世上的福气，也不求我自己的幸福。

但求你保守我的身体健康平安，虽然它属于这个世界，你却要用它作卑微的器皿。

但求你保守我的思想丰厚深邃，虽然它是属人的东西，你却要用它彰显你的美名和真道。

但求你保守我的生活平安顺利，虽然这是世俗的要求，你的孩子却要乘坐这条船，驶向失身落海的人们。

天父啊，求你保守那些爱我的亲人和朋友，让他们知道，正如我的爱与他们同在，你的大爱也与他们同在。

天父，求你保守那些怨恨我、误解我、敌视我的人，让他们知道我是何等爱他们。

天父，求你保守那些曾经被我伤害过的人，请你让他们知道，我深深地爱着他们。

天父，求你保守那些伤害过我的人，请你让他们知道，在你的爱里，我对他们只有爱。

祷告二

冥冥中你为我检查一切隐藏的玄机关卡，强行带我躲过，我却一无所知。你在过去塑造我今天，又在今天塑造我未来，我一样全然不觉。

我感谢你，我的父神！一切都在你的掌管之下，谁能抗拒你呢？那甘愿顺服你的人有福了！哪怕我身心疲软，意志薄弱，然而我的确有一颗愿意顺服你的心！

我不曾停止思念你，你也不曾停止看顾我。我危难的时候你搭救我，我软弱的时候你扶助我，我跌倒的时候你挡住我，我受到诱惑的时候你警醒我。看来你已将我永久地罩在你的全能之下了！

凡临到我的事，不管在人看来是好是坏，都是你对我所动的善工。凡我所遭遇的，不管多么悲惨，都是你的美意。

祷告三

父啊，你在耶稣里向我显现，使我认识你；你在圣灵里向我说话，使我听见你；你在生活中向我行事，使我看见你。

你就这样住在我里面，甚至在我不知道的日子，你已在护庇着我；在我悖逆你的时候，你也不曾放弃我。因为我渴望你住在我里面，我恨恶自己而爱慕你，我宁肯不要自己只要你！

你知道我这颗真诚的心，虽然懦弱，你就喜悦我，保守我，又将珍珠放在这个瓦器里，透过我的粗鄙不堪和残缺不全，射出你荣耀的光明，以至于凡到我面前来的，就可以听福音，就可以蒙福佑、得福气。父啊，若不是你，我凭什么竟成了众人的祝福？

因你不轻看我的懊悔和哭泣，我，也宁愿让我的粗鄙和残缺，传出你的光明和灿烂。是的，当人们看见你的光明时，就看见了我的残缺。

你们要休息

当你的生活变得一塌烆涂，你不要烦恼。

当你的一切努力都付之东流，你不要绝望。

当你陷入明显的罪愆难以自拔，你不要沮丧。

当你被仇敌打得濒临死境，你不要惊慌。

当你的热情侍奉遭遇当头棒喝，你也不要抱怨。

只要你相信神，知道自己是在他手中，那么你很快就会发现，神是要藉着所有这些完成一件事：叫你回到他面前，安息在他里面。

他要把四面出击的你逼回到他面前，从他得力。

他要把焦头烂额的你逼回到他面前，被他疗伤。

他要把自强不息的你逼回到他面前，向他仰望。

此刻你要怀着感恩和喜乐的心，归回安息，平静安稳，等候他的脚步，观看他的作为。他必折断母鹿的快腿，他必拔掉老虎的爪牙。他要在敌人面前为你摆设筵席，叫你的仇敌作你的脚凳。他要叫你伤痛的心饱得安慰。他要叫流泪撒种的，欢呼收割……

看吧，当黑暗降临的时候，农夫便上炕安息。在他安息的时候，神就叫他埋在地里的种子生长，叫他周围的万物滋养。当他一觉醒来的时候，黑暗就过去了，因为太阳升起来了。

神说：你们要休息，要知道我是神。（诗篇46:10）

神又说：在我岂有难成的事吗？（创世记18:14）

溢出的灵魂

当我深深静默在神里面时，我感觉到灵魂溢出了身体，自由的欢跳。天上的喜乐是永恆的，这时传给了我，我便一同喜乐。这是神的喜乐。当我从这喜乐中回头观看身体时，那身体显得猥琐不堪，虽说还要活几十年，但此刻就像死了一般。既在这灵里的永恒喜乐中，肉体再活几十年、几百年，亦或此刻就消失，又有什么区别呢？又有何妨呢？我不能不相信，灵魂不仅可以独立于肉体，而且他的品性是无比高贵的。他的独立性大可成为人生的依凭，而他的高贵亦可成为人的感觉和样式。

我是我所是

摩西问：你是谁？他说：我是我所是（I am who I am）。

对于寻找的人，他是迎候。

对于谦卑的人，他是启示。

对于痛悔的人，他是赦免。

对于顺服的人，他是带领。

对于投靠的人，他是搭救。

对于大信的人，他是大能。

对于舍己的人，他是给予。

对于仰望的人，他是笑脸。

对于庸碌的人，他是飘淼。

对于骄傲的人，他是传说。

对于聪明的人，他是隐藏。

对于自义的人，他是拒绝。

对于固执的人，他是任凭。

对于叛逆的人，他是无情。

对于小信的人，他是不能。

对于自私的人，他是剥夺。

对于瞎眼的人，他是一个柔声：

你要我为你做什么？

电脑与小草

我使用电脑，却喜欢小草。

电脑老谋深算，小草清纯天真。

电脑碌碌匆匆，小草悠悠然然。

电脑是依附于人的工具，小草是独立于人的生命。

电脑高明，却是死的；小草愚拙，却是活的。

电脑来自人，小草来自神。

人的贪婪是电脑成长的激素，神的赐予是小草生长的食粮。

电脑使人溷浊、疲软、熏心、退化，小草使人清爽、健壮、净化、更新。

电脑张开方形的大口吞噬着人的精力、时间、健康和生命，小草在一旁带着默默的温情和怜悯陪伴着人的生命。

劝君不要埋头于电脑，却枉顾了神赐的小草。

尽头

人间一切都有尽头。一切尽头都通神。非尽头不能通神。

在眼的尽头，是脑。
在脑的尽头，是心。
在心的尽头，是神。

在物的尽头，是理。
在理的尽头，是灵。
在灵的尽头，是神。

在地的尽头，是天。
在天的尽头，是谜。
在谜的尽头，是神。

在甜的尽头，是苦。
在苦的尽头，是澹。
在澹的尽头，是神。

在黑的尽头，是白。
在白的尽头，是光。
在光的尽头，是神。

在真的尽头，是善。
在善的尽头，是美。
在美的尽头，是神。

在小的尽头，是大。
在大的尽头，是无。

在无的尽头，是神。

在他的尽头，是你。
在你的尽头，是我。
在我的尽头，是神。

在生的尽头，是死。
在死的尽头，是活。
在活的尽头，是神。

黑暗与光
从来没有黑暗认识光
看见光的黑暗已死亡
于是夜想吞噬群星
使世界忘记黎明
——钉死他
钉死他——*

于是太阳被抛向远方
以便黑暗偷摸淫妇的乳房
——放了巴拉巴
放了巴拉巴——**

于是死蚕食着生
宣称它就是永恒

但是
哪怕只一颗星
夜便已被战胜
因为黑暗现出了原形

若不是天上的光
地就不见阴影
若不是神的爱
罪就是唯一的人生
若不是灵的重生
死就是生命的黑洞
当大光映出你心的阴暗
罪与死就愤恨狰狞
——不要怕
不要怕——***

黑暗现出了原形
夜便已被战胜
哪怕只一颗星
*路加福音23:21。
**路加福音23:18。
***马太福音14:27，路加福音8:50，约翰福音16:33。

上帝的垂顾
微笑着

走向墓场
那里
升起一轮太阳

记住
这是最后一段
徜徉

英俊消逝后
留下什么
想了又想
依然无话可讲

亲爱的耶稣
你在为我祷告吗
真是非同寻常

时候还早
一片湖光
傻子们个个精明样儿

悄悄
诞生留下死亡
自己去了
死亡留下遗忘
自己去了

遗忘留下我
自己去了

我悄悄留在
神的怀抱中

悲剧快感

感伤、悲凉、辛酸、哀叹、怨悔，这些负面的心境来临时，伴随着某种快感，某种解脱的感觉，彷佛是说："它终于来了，终于辛酸了，终于感伤了……"。是吗？好像还不止这些。

我还有感觉：我是无助的人，我是被误解的人，我是不幸的人，我是可怜的人——我彻底地回到了我自己，不再像趾高气扬时，不再像志得意满时——那时，我忘了自己，得意忘形。现在，真正的我，我的生命的本相，我的生存的底线，才出现了：无助、可怜。在这生命的底线上，我坦荡荡的，多么舒服啊！我求什么呢？我只求起码的生活。这最基本的渴望，此时显得多么宝贵；一切奢望没有了。"基本的"永远是令人安稳的、惬意的。

我还有什么可"失去"的吗？没有了。现在到了底线，心里如此满足、轻松，不像以前，为了"得到"一点儿什么，处心积虑、身心不宁。现在我一无所有，无所畏惧，一片白茫茫。正因为如此，前面都是道路，我彷佛无所不有，且生命本身便是额外的恩赐了。

这时，神已在你心中。神给了安慰。你说，神啊，这一切是为什么？为什么是我？我本不该如此啊！也许你会说，我该如此！神啊，你有你的美意，你知道什么对我最好，你要我知道：只要你在我心中，这些伤痛算得了什么！你是公正、力量、爱和希望之所在。当邪恶、误解、恨和绝望从四面八方压来时，是你在我心中支持我、安慰我，对我说：别在意，那些都是儿戏，都是梦幻，都是无价值的东西，我在你心中，你就战胜了它们。你向前看，你看我从你心中发射出平安去，全将他们击溃了。你的前面是平安坦荡的大道——从此，你也不要再忘记你自己的底线本是多么可怜无助，尤其当你幸运之时，当这个世界给你奖赏的时候，你不要被迷醉，你当知道这不是你的真面目，而只是世界给你的幻影。记住你的真面目，常与我在一起，幻影便不能迷住你，却成为你的阶下囚，成为你观赏的闹剧。

你感伤悲凉之时，便是世界的荣华富贵被戳穿之时，便是你存在的真面目被觉察之时，便是神的大爱即将在你身上显现之时。此时你是有福的，切不要让这福份流失。

这时，你容易爱，也容易接受爱。你的头脑和心灵一齐跳动，均匀而安详，随时能够捕捉和感受爱的信息。你的良知支配着你的全身。你的良知射穿了整个世界，你自己先前与世界的同流合污也被识透而自悔。你回到了真实的自我，谦卑伴随着自信，安祥伴随着喜乐，空荡伴随着充实，一齐而来——神与你同在了。

悲剧意识中的快感，悲剧快感的意义，就是看到了真正的人类面目，从一切假象中回来了。

你看，真正动人心弦、感人肺腑的爱，总是在悲剧中产生。若没有悲伤不幸在其中，爱，绝不是动人的。因为在本质上，纯爱在世俗中是悲伤和不幸的；只有此刻，良知才能被唤醒、被感受；她的纯洁，她的不被接纳，她的无辜，她的不死，她的可被良知认同……都被显现出来了。这是多么伟大、美好、真实、动人的时刻啊！

　　此时，那"八福"之人便出现了：虚心、清心、哀恸、温柔、饥渴慕义、怜悯、为人求和睦、为义受逼迫的人，天国属于他们，他们得见神了，他们得安慰了。

我的神

（初信之作）

我的神，我需要你

像小草以无语，期待着阳光和雨水；人生以难言，渴望着你的爱抚。

我曾经清纯，瞬即被欲望填满；我时有欢乐，却挣不断忧烦的铁链。

为了自我实现，我不得不争竞，争竞中不期然的自私谋算。

为了追求真理，我学会了批判，批判中养成了傲慢与偏见。

为了幸福，我点燃过激情之火，被烧得苦不堪言。

那一天，面对我的哲学导师的尸体，我突然领悟到人的渺小可怜。

这个以私欲为动力，以骄傲作轮子，以享乐为道路，以灭亡为归宿的人类地球，不正像茫茫宇宙中一个瞎眼的孤儿，在呼求你的爱抚吗？

我的神，我寻求你

当我陷入罪念而不能自拔时，就是在期待你的拯救！

当我狂妄自大而不自知时，就是在乞求你的怜悯！

我的贪婪就是心灵的饥渴，我的失落就是苦苦的追寻。

绝望时我曾高喊苍天，无助时悄悄期盼神明，迷惘时求助于哲人智者。一颗颗渴慕真理的心，一颗颗寻觅平安的心，一颗颗面对死亡无可奈何的心，都在寻求你！但多少人像昨天的我，不得其门而入，不知你在哪里，路在何方！

我的神，愿世人都晓得，除你之外，别无拯救！

我的神，我看见了你

普林斯顿，那小小的查经班。

流落中的我，我看见了你赐的喜乐平安！仇恨中的我，遇见了从你流溢出来的大爱！罪念中的我，看见你所提升释放了的心灵，是那样超脱、潇洒、坦荡！

在你的敬虔儿女们身上，我看见了你的华美荣光！

当我读懂了你的话语，那大光便直接照进我心里。我激动，我颤抖，我有点惊慌！因为我看见了真神！你的声音，你的智慧，你的良善，你的威严，还有永恒、无限、深邃、辉煌和美妙，我都看见了！

你让我爱我的仇敌，为逼迫我的人祈祷，我不能不遵从，因为这声音分明是从天而降。而我一遵从，便立即感觉到：我是多么荣幸啊，我竟能爱我的仇敌！我是多么有福啊，我竟有一颗仁慈的心！我是多么快乐啊，我的心里竟然只有爱！我的神，若不是你，我岂能如此！

啊，耶稣，我作证，你是生命的光，因为自从看见了你，我的生命便明亮了。我作证你是天上的粮，因为自从认识了你，我的心灵便不再饥渴。我作证你是爱的江河，因为自从你进入我心，我变得慈悲、宽厚！

谁说我的感觉像梦？倘若二十亿人同做一个梦，倘若这个梦一做两千年，倘若这个梦能将人生变得美好，这个梦不就是比逻辑更有力的真理，比面包更真实的存在吗？

两千年前，一个卑贱贫寒的木匠之子，三年时间改变了世界！从欧洲，到美洲，再到亚洲，地上君王如过眼烟云，转瞬即逝，你的国度却没有穷尽！你是神，我看见了，你是心灵之王。心灵之王便是万王之王，永恒之王！

我的神，我经历了你

还记得，我第一次敬畏地跪在你面前，向你忏悔我的罪孽，诉说我的苦衷。那时夜深人静，万籁俱寂，我知道你就在我身边，正等着我，等着我打开心扉。深静中，我刚说了一声"亲爱的天父……"，便泪如泉涌，无声地抽泣起来。我的头脑空空，身子空空，只有心灵在呜咽，不！不是呜咽，是欢畅，是赞美，是感激涕零！神的手轻轻地抚摸我的生命，我的整个生命在幸福中悸颤。这是生命接通了它的源头，这是灵魂沉浸在上帝的怀中。我进入了真生命，大生命。这里是真，是善，是美，合而为一，我融化其中。多美啊，我的故乡！多好啊，我的天父！多真啊，我的神！

当我停止流泪，我清楚地知道你悦纳了我，也悦纳了我所有的忏悔和诉说。我亲身经历了你，献上了一颗心，这已胜过千言万语。

从此，我超越了这个世界。我还活在这个世界里，但不再是这个世界的奴隶，而要像光，照在暗处，见证你的神圣。

我的神，你又让神迹奇事伴随着我一家，一步步打碎我理性上的固执顽梗，使我们亲眼目睹你在冥冥之中的作为，彻底驯服在你面前。

我的神啊，愿我的家世世代代都归顺你，愿我的亲朋好友都经历你，愿世上万民都认识你！

我的神，我要进入你

每当我在祷告中经历你，我就默默祈求：就这样，我的神，就让我这样住在你里面，永永远远。什么荣华富贵、功名利禄、奇功异能，这些东西我都不求，我只求住在你里面，住在这至善至美的天国里，住在这至情至性的大爱中！

天父，我知道你要我圣洁。你要我每时每刻、一生一世都像祷告时一样圣洁，才能住在你里面。

父啊，我还不能。但我愿意将我这取死的身体，连同陋习、恶俗、老我、杂念，一同交给你，将它们钉死在十字架上！

我的神，我要天天仰望你

我愿意鄙视世俗的诱惑和喧闹，愿意不顾人间的艰辛和苦楚，只专心仰望你！

我越是完全地交托给你，你就越是完全地对我负责。你用酒与火烧净我内外的毒疮，你用明媚的光为我铺设生命的道路，你用隐形的手托住我前行的脚步。

我的神，住在你里面，我能倾听你那微小的声音，我能看见你那美好的旨意，我能畅饮你赐予的永生甘露，我能终日沐浴你那出神入化的灵风！

住在你里面反观世界，我看见瞎子领瞎子行在黑暗中，我看见污浊的泥潭，到处是可悲的欢笑，还有一堆堆白骨和鬼魂，在这个小球上奔突冲撞。

我的神，我看见你化作漫天的大光，用你的晶莹、温暖和蔚蓝，温柔地呼唤着世人。然而嗡嗡营营、匆匆碌碌的人群啊，却视而不见，听而不闻，只顾忙着生，忙着死！

神啊，请你大声向人们说：你们多么需要我！你们当仰望寻求我，你们能看见我，你们可以经历我！你们的真生命真价值真自由真根据，全在我里面！

噢，我的神！

与刘再复先生的信仰对话

这是我写的一篇书评和刘再复先生的回应，在闲暇中读一读，可以读出平时想不到的东西。刘再复原是社科院文学所所长。

刘再复先生是一个真正的流浪者。

流浪获得的人生意义，不是寻常人生所能获得的。但正像爱因斯坦的发现涵盖着牛顿的发现一样，流浪中获得的人生意义，也涵盖着寻常人生，只不过更本质更精确罢了。寻常生活的浮浅与麻木，使之无从触及人生更本质更精确的层面，但人生总有需要深刻和警醒的时候，那时候，人会手足无措的。

刘再复的《漂流手记》实在值得生活在安逸中的寻常人们读一读。

流浪，并不像人们以为的，只是一种独特、不幸、传奇般的遭遇，有如弹出寻常人生轨迹之外的一粒石子。不，流浪是狭隘人生边界的突破，是虚幻生活云层的穿越，流浪给了人远距离、高视野观看生命的机会，使人看见生命之巅近似狰狞的嶙峋绝壁，使人看见智慧之水近乎泥浆的混浊漩涡，也使人看见功名利禄的诱人缤纷，原来是人类蜂拥追逐著沼气池里飘扬出来的几串气泡。于是，"寻常人生"被撕裂了。流浪者的理性当然有责任说清楚这一切，然而却困惑了。心灵几乎独自承担了全部的孤独。

承担孤独与寻求拯救

并不是每一个离乡背井的人都是流浪者，除非他的心也一起流浪。六年多了，写出三本散文集了，刘再复流露出来的心声仍是流浪。收到第三本散文集的序言"漂泊六年"后，我禁不住找来他的第一本集子，那序言竟也是"漂泊……"字样。我读了下去，一百多篇，我看到一颗赤裸裸的心，毖瑟着跳动在人生风雨的抽打中，体验犀利彻骨，倾诉赤诚由衷。在海外这么多年，看惯了一个比一个正义的呼喊，一个比一个慷慨的陈情，一个比一个睿智的辩析，却有谁曾将自己心灵的懦弱、虚空和哭泣暴露给人看呢？刘再复是撕裂自己给人看了。在孤独的自由中，他坦荡的几乎毫无顾忌，并不是毫无顾忌地批判那些迫使他不得不流浪的人，而是毫无顾忌地陈现流浪中新发现的自我；即使他对"猪狗们"的嘲讽，读来也更像是一个憨厚人的自嘲。

流浪使他离开寻常人生的虚幻与狭隘，进入了生命的深层，这里的景象是：漂泊、孤独、迷茫、寂寞、乏味、瞬间、感伤、悲哀、焦虑、煎熬、沉重、恐惧、疯狂的恐惧、无根的漂浮、在缝隙中生活、接近死亡的体验、人生是一个不断逃亡的过程、活在人类的阴影与地狱中、无边的寂寞中甚至渴望听到遥远的狼嚎……。类似的词汇，汇成了他的生命之流，流到了我的心底。我深知，这不只是流浪的感觉，而是一个流浪者对人生真谛和生命核心的体验。再浮华再优厚再有意义的人生，充其量不过是对这个残酷真谛与核心的包裹装潢而已。死是生的唯一归宿，正如流浪是安逸的唯一出路一样。所以古往今来，越是严肃的大智慧，越是感受到痛苦与绝望，越是寻求拯救。

刘再复说他"写散文完全是为了自救"（300页），又说"书本是我的救星"，而远东图书馆"是我躲藏的天堂"（7页）。在无限的孤独中，把他"拯救"出来的还有草地："坐在草地上，想什么都特别顺畅"；"我开始沉醉于很轻很轻的小草，沉醉于无所不在的草地。我相信每一颗小草都是上帝的作品，都是造物主的一笔一划"（16，25页）。星星，也给了他安慰；但有一次似乎不行，"这次孤独特别沉重。尽管被朋友们包围着，尽管妻子就在身边，但总是感到孤独。人的生命现象真是奇怪，任何安慰，任何温情，任何美丽的故事都无法抹掉笼罩于心中的孤独感。而且越想抹掉它，它就越显得沉重。常常沉重得喘不过气。夜阑人静之时，会突然感到精神的窒息，拉开窗帘，想看看夜空，我总觉得星星是我的故乡的星星，从童年时代开始就一直伴随著我。然而，此次孤独，闪烁的星星们竟不能援助我，面对星空，又是一阵精神窒息……一切努力都是徒劳的……在孤独中，我发现自己是以独立的生命支撑着人生的"（12、13页）。在艰难的支撑中，他有时会感受到"降临在身上一种比恐惧更加强大的力量，它好像是超自然的、一定要把我引向一种奇妙的精神境界的力量"（28页）。家，也是他的拯救，但他似乎没有更多去咀嚼卡夫卡那句话："那不是家，那只是一个隐藏我内心不安的避难所"。

此外，曾经在暗淡中照进他心头的光亮还有："小女儿"（35页），"他者"（42页），"我思"（98页），等等。

当我掩卷沉思时，忽然觉得支撑刘再复在流浪中承担孤独的诸多因素，都化成了一种美感。这种美感似乎是在一股神圣而神秘的力量扶助下冥冥生发的。他显然没有试图去明了这一力量是什么，只是任这一力量将他引向了一个超越孤独的境界；在那里，他得以从窒息中喘息过来，有了能力以欣赏孤独来走过孤独。常常有此类奇妙的转变：你看到"疯狂的恐惧"几乎压垮了他，他却转瞬恢复了平静，并因此生出了感激来（28页）；你看他多么深刻地陷入了死亡的无可奈何中，却又摇身一变，赞美死亡使人生展现出崇高、伟大和色彩（26页）；你看他那么真诚的向你诉说人生的孤独和生命的空缺，及至将你带入悲凉，他却径自兴高采烈起来，因为他发现自己"正在向生命的巨洞扔下一个又一个的文字"（15页）。

歌中唱到："有一种美丽叫苍凉，有一种幸福叫忧伤"。有力地体悟了生命的流浪的内核之后，是一种无力的顺从；在无力的顺从中，产生了一种得力的美感；悲，苦，死，生命的流浪，都消融在美的享受中了："我踩着落叶，往林间走去。落叶轻弹着我，发出一种秋的响声。许多红艳的叶子尚未枯萎，在阳光下闪烁，像是不灭的灵魂在报告生命完成的信息。树下的空气格外清新，我饮著秋的清香，如同饮著清茶。一路踩着，一路饮着，我的心竟噗腾噗腾地跳著——哦，生命飘落的时候竟是这样美！生命及时死亡的时候竟是这样动人！"（56页）

从"思我思"到"叩问"

流浪是美的，但毕竟是流浪，不能不寻找落脚的地方。

流浪之初，当朋友问他在做什么，回答是"思我思"："过去几年里，我对一些社会现象和文学现象作了些反思，现在又对这些反思再想一想，这便是思我思"（98页）。

今天他说，他在做一件永远做不完的事，就是"叩问"，对于宇宙、历史、人生、真理的叩问。

从"思我思"到"叩问"，不用说，这是一大步。

人知道自己没有找到真理，才会"叩问"；人知道自己需要找到真理，才会"叩问"；人知道并不是绝无希望找到真理，所以才会"叩问"。这是"叩问"这个动作本身内在的含义。

但他说"我只有叩问，只有漂泊，没有答案"，这是什么意思呢？你的确知道没有答案吗？连有没有答案这件事，也是没有答案的啊！"再有才华的思想者也不可能到达真理"，这是千真万确的"真理"呢！到达了这一层，不就是到达了真理之门吗？但这恰好是真理的拒绝之门、否定之门！但你为什么还要叩问？仅仅是为了那苍凉的美感吗？不，你不能停止叩问，因为"神把永恒放在了人心中"（《圣经/ 传道书》3章11节），永恒之神便是人心灵的磁石，而你的心灵异常敏锐。人因此有了"神的形象"，无法仅仅满足于在属人的此岸活著；但人只有"人的智慧"，无法到达永恒真理的彼岸。于是，你（人类）便永远在"不能停止"与"不能到达"之间流浪着；于是，流浪是只有深刻的人才能体验到的人类生命的本质；于是，人的深刻存在于痛苦之中，而痛苦成了人间最美丽最高贵的荆冠。

但痛苦者依然痛苦着，在"不能停止"与"不能到达"之间流浪。

假如没有从神伸过来的手，人将永远不能脱离这种流浪、挣扎的困境。

但是，只要"不能停止又不能到达"的困境是人的真情实况，那么，神对人的心灵来说就有磁石一般的魅力、"人的智慧"不能到达的那个彼岸世界，便是真实的，因为这真实已经映现在人身上，造成了人的困境。

其实，只要这一切是真实的，那么，神圣的手一定早已向人伸过了。的确，当人还没有陷入迷惘需要叩问、而只是逃避真理之神（即吃"智慧果"的日子，这正是陷入迷惘的开始）的时候，真理之神就向人呼唤："你在哪里"（《圣经/创世记》2章9节）？"人的智慧"不会接受神的呼唤，因其本性就是自恃、僭越、自以为神（《圣经/创世记》3章5节）。人的空缺感、孤独感、流浪感，全是由心灵发出来的。智慧的顶峰就是发现自己既不能解释也不能承载心灵的空缺。在生命最急难的时刻（如死亡）和最深刻的层面（如流浪），智慧除了冷眼旁观心灵的痛苦之外，什么也做不了。所以，神的拯救不诉诸于人的智慧，而诉诸于人的信仰；不诉诸于人的头脑，而诉诸于人的灵魂。无须惊奇：真理之神绕过人类最引以为自豪的发达头脑，径直叩向那些贫瘠、清虚、哀恸、无助和痛悔的心灵："看哪，我站在门外叩门，若有听见我的声音就开门的，我要进到他那里面去，我与他、他与我一同坐席"（《圣经/启示录》3章20节）。

人以"人的智慧"叩问真理，真理之神却深知"人的智慧"不能容纳他的无限广袤，而将神圣之手叩向人的心灵，即"神的形象"所在地。

人与神失之交臂。多少人与神失之交臂！

你能否用心灵、用良知、用信心、用直觉、用内在的"神的形象"而不是用"人的智慧"去叩问、去寻求真理呢？如果是这样，耶稣的话便是对你说的：你们叩门，就给你们开门；因为凡叩门的，就给他开门（《圣经/马太福音》7章7节）。

人能否用无限的心灵而不是用有限的智慧来倾听、领悟、接受真理之神的叩门声呢？如果是这样，耶稣的话就是对你说的：真理的灵，乃世人不能领受的，将要在你们里面，引导你们进入一切的真理，并将那出人意外的平安赐给你们（《圣经/ 约翰福音》14章17节、16章13节等）。

"婴儿人生"与"第二视力"

刘再复先生引尼采的话说：人生有三变，一是骆驼阶段，处于坚忍的苦学苦修之中，异常艰辛。二是狮子阶段，勇猛拼搏，建立"事功"。三是婴儿阶段，扬弃一切破坏的冲动，泯灭一切旧日的恩仇，回到天真烂漫的时代，绽开无邪的微笑，从容地面对时日，安静而和谐，同时也在创造（114页）。他羡慕并希望自己早日进入婴儿般的人生，但稍作思量后便悲观地表示这只是个泡影："我恐怕摆脱不了没完没了的劳碌命"（114页）。

这是不错的。正在流浪的人怎能有婴儿般的安详静谧呢？一颗孤独寻觅的心灵怎能有婴儿般的感受呢？婴儿是在母亲的怀中展开她那天真无邪的微笑的，是在母乳母爱的滋养中烂漫如花朵的。同样，婴儿般的人生必然发自一颗被神圣之爱拥抱着的灵魂，必然吮吸着坚实巨大永不枯竭的真善美的源头，所以才能不执着、无功利、从容而柔顺："我的心平静安稳，好像断过奶的孩子在她母亲的怀中；我的心在我里面真像断过奶的孩子"（《圣经/诗篇》131篇）。这个境界，不是在风中哭泣的亚细亚的孤儿可以进入的，更不是太过聪明太过老成的尼采可以进入的。老子也知道，唯有得道之人才能像婴儿："专气致柔，能婴儿乎"？"常德不离，复归于婴儿"，说自己"沌沌兮如婴儿之未孩"，说"含德之厚，比于赤子"，又说"圣人（道的化身）皆孩之（百姓）"（《老子》10、28、20、55、49章）。

耶稣对门徒们说：你们若不回转变成婴孩的样式，断不能进神的国。神的道向聪明通达的人就藏起来，向婴孩就显出来（《圣经/马太福音》18章3节、11章25节）。

《漂流手记》中有一篇散文"面对小女儿的照片"："看到她是那么真，那么美。看到这模样，就会断定她的内心拥有伦理学所规定的一切的善"（35页）。前些日子刘再复先生告诉我，小女儿已经信了耶稣，"她信得很自然"。我由衷地高兴。我们这一代人很难再自然地信什么了。心灵的压迫与反抗，从两方面使我们失去了自然，以致于离开塑造了并辖制着我们的学识、执着和伤痛，我们真的不会想什么了。不自然成了我们的"自然"。我深切感到，如果不祈求自然之主的怜悯，谁能用十倍百倍的力量救助我们回归心灵的自然呢？

刘再复是幸运的，因他曾濒临死亡。死亡使一切人回归自然。所以死而后生的人不再生存在寻常的、不自然的状态中。萨特是这样，陀斯妥耶夫斯基也是这样。死刑一过去，他们都活在了真正的自然状态中，便有了所谓"第二视力"：在"寻常人"以为生的地方看见了死，在死中看见了生；看见了存在的虚无，也看见了"诺贝尔文学奖"的虚无。

陀斯妥耶夫斯基和萨特相比，有一点是不一样的：在萨特什么也看不见的地方，陀斯妥耶夫斯基看见了自然之主、生命之神，看见了人当将自己的生命舍弃（存放）的地方，那地方正是人的生命之所在（《圣经/马太福音》16章25节）。所以他的故事没有完。《罪与罚》的结尾如下：

在他的枕头底下放着一本《新约全书》。他无意识地把它拿了出来。这是她的书，就是她曾经念拉撒路复活一章给他听的那本书。……直到现在他还没有把它打开过。

现在他也没有打开书，可是在他的脑海里闪过了一个念头："难道现在她的信仰不能成为我的信仰吗？她的感情、她的愿望至少……"

一个新的故事，一个人逐渐再生的故事，一个他逐渐洗心革面、逐渐从一个世界进入另一个世界的故事……正在开始。这个故事可以作为一部新的小说题材——可是我们现在的这部小说到此结束了。

刘再复：我的徘徊

志明兄：读了您对拙著《漂流手记》的评说〈流浪之美〉，真是高兴。我读了几遍，边读边想。我喜欢这种比纯文学评论更有意思的心灵评论和灵魂对话，一读就让人进入沉思。我的散文本来就是心灵的象征，在属于心灵的形而上

层面讨论问题真是人生的乐事。感谢您这么认真地读我的手
记，并用如此美好的语言作如此精辟的分析。

　　您对我的心灵剖析十分中肯。我的确是个矛盾体和流
浪体。这几年，我的名字简直就叫做徘徊与彷徨。徘徊于神
性与理性、绝望与希望、拯救与逍遥之中，徘徊于基督与康
德、孔子与庄子、鲁迅与陶渊明之中。托尔斯泰晚年变得很
古怪，他说他不愿意和任何人在一起，只愿意单独与上帝相
处。我还不至于如此，但有时比托尔斯泰还孤独，所以我
只能在上帝之门外独自游思。当然，在徘徊中我还是继续前
行，不会回到过去，只会走向将来。

　　在流浪与徘徊时，如您所说，越是感到痛苦与绝望，就
越是寻求拯救。然而，经常盘旋在我脑中的问题是：拯救的
使命是交给上帝还是交给自己？自救是否可能？依靠自身的
力量反抗绝望是否可能？我所以会徘徊于神的主体性与人的
主体性之间，而且至今不放弃人的主体性，就因为自己觉得
自我拯救和依靠自身的力量反抗绝望，不是不可能。如果不
可能，那么人的力量与人的意义何在？当然，我也常常怀疑
这种可能，并为此常常产生一种"无力感"，即感受到人的
智慧的有限性，无力到达真理的彼岸。

　　我所以徘徊，还有一个原因。作为一个人，即在个体情
感层面上，我非常接近基督，而且几乎能接近圣经中那种彻
底爱与仁慈的观念。我们这一代人是被仇恨教育出来的一代
人，全部教育就是要让我们丢掉爱。也许因为这样，我反而
觉得爱的观念特别宝贵。但是，作为一个思想者，一个人文
科学学者，我的天性中又总是喜欢对已有的结论提出质疑，
不愿意只活在已有的结论之中。所谓流浪，就是没有句号也

没有结论，即先作一种形而上假设：人间没有终极真理。这种思想者的脾气又是背离基督。当我的已经很自然地信仰主的小女儿劝我也应当信仰的时候，我心中的疑虑就是，倘若认定圣经所说的一切就是终极结论，那么作为思想者是否就只能是这些结论的演绎者？它本身的创造是否还有可能？它是否还有在结论之外流浪的自由？这些问题，还会继续煎熬着我。这些年，您迈入另一精神境界，连语言也充满祥和之气。您的研究道与老子的著作对我的疑虑一定会有帮助，出版后请赠我一册。

您对拙著的评说发表出来后一定会引起许多朋友的思索。

主啊，为什么你要打垮我

一、

主啊，我是你的，我在你手里，我也愿意顺服你。

可是主啊，你是圣洁，为什么忍心看着我陷入罪孽？难道你非得在我的软弱犯罪中才能彰显你的善良纯全吗？

主啊，为什么你不保守我纯洁无瑕？

主啊，为什么我如此软弱你还用我？

主啊，是你故意叫我的本相袒露无遗吗？

——是的，主，无论如何你不让我骄傲，这是你用人条件中的首要条件。所以你为了用我，就叫我永感自己不配被你所用；你为了得力用我，就叫我永感自己软弱无力。噢，保罗身上的一根刺，满载着你的大爱大智，是你定意不除去的！

二、

主啊，我是你的，我在你手里，我也愿意顺服你。

可是主啊，你是平安，为什么忍心看着我饱经忧患？你是平安的主，为什么不给我平安？难道你非要在我的痛苦中展露笑脸吗？你非要在我的忧患中赐我安息吗？

主啊，我的痛苦凭什么是必须的？

主啊，原谅我斗胆说，我宁肯不要随痛苦而来的安慰，宁要你拿去安慰之前的痛苦。

——是的，主，你要在痛苦的火中烧我，在忧患的炉中炼我，好叫我成为你手中的精金。

三、

主啊，我是你的，我在你手里，我也愿意顺服你。

可是主啊，你是医治，为什么忍心看着我久病不医？耶稣，你还在吗？你还如当年那样，只说一句话，病人就能痊愈吗？

——是的，主，你要我有一颗百夫长的信心。他信那话，转身就回去了。我转身回去了吗？

——是的，主，你要我有一颗迦南妇人的信心。迦南妇人求你三次你不应，今日你在等我求第四次、第四十次！

——是的，主，你要我有一颗不畏惧、不丧胆的信心。你要我有一颗喜盼永生的信心。你要我羡慕一个更美的家乡，就是在天上的。故此连你都以作我的神为荣！（希伯来书11：16）

四、

主啊，我是你的，我在你手里，我也愿意顺服你。

可是主啊，你是全能，为什么叫我一败涂地？你为什么让人打垮我？这分明是你打垮我啊！好像你不打垮我你就不能得胜一样！

主啊，我是属于你的，我不是你的敌人啊？

　　——是的，主，"我"是你的敌人。那抵挡你的，就是"我"，你不打垮"我"，就不能使用我。我的才华、热心，你并非不看重，然而你更看重我的生命是否是一个重生的、完全信靠你的生命，犹如那个年轻富人变卖了一切分给穷人，自己赤条条一无所有来跟从你一样。

　　——是的，主，我若有哪一点还看重、还依靠我自己，你就毫不客气地打掉它！

五、

　　主啊，我是你的，我在你手里，我也愿意顺服你。

就这样一路走来

整理往日笔记，清楚看见一条生命线索，就是：我一直是在仰赖神中服侍神，神一直是在对付我中使用我；我一直是在鄙视自己中见证神，神一直是在怜悯我中提拔我。

2002. 11. 2.笔记

在所有可怕的事情中，最可怕的是离开神。

人一离开神就犯罪堕落，不是反过来。

使人离开神的根本原因是人的骄傲——人"就像神一样"。

神爱我，为了不让我离开他，就不许我骄傲；为了不让我骄傲，就常显出我的罪来——这样看来，不是神容许我犯罪，实在乃是神怜悯我这个可怜的人，为了不让我骄傲、离开他而灭亡，宁肯常让我在犯罪中认识自己的可怜本相而不得不更加依靠他（理解保罗为什么夸自己软弱）。

2003. 10. 18. 笔记

主啊！为了你——为了不羞辱你的名，为了不伤害你的心，为了不辜负你的爱，我必须牺牲自己。

为了人——为了不叫人们被我绊倒，为了叫人们因我得福，为了使我继续有资格呼召人们到你面前来，我必须牺牲自己。

我必须牺牲自己——利益、享乐、情感、家庭、事业、名声、生命。

我必须牺牲自己——属肉体、属自我、属世界的一切。

2005.12.7.笔记

我谁都不对付，只对付我自己。

不管谁对付我，都是上帝允许和安排他来对付我。

不管谁对付我，都是上帝让他来帮助我对付我自己。

所以不管谁对付我，都是上帝对付我。

在上帝眼中，在这个时候，我比所有对付我的都尊贵。他们都是为了我。我也是为了他们。

不管发生任何事情，都是我和上帝之间的事情，与任何旁人无关，与魔鬼无关。

我只面对上帝。我面对上帝，上帝就面对我。他那注视我的眼光就驱散了我身内身外一切的黑暗。

在临到我的一切遭遇中，我都看见了上帝对我的爱，超乎一切人想像的深情厚爱。

2007.3.3.笔记

别忘了你是谁

别忘了你承担的是何等使命

别忘了多少人在看着你

别忘了天上的星星都在注视你

别忘了大海的涛声在提醒你
别忘了天父的慈爱从没有离开你
别忘了他医治你一切疾病
别忘了他赦免你一切罪孽
别忘了他曾救你的命脱离死亡
别忘了他以仁爱和慈悲为你的冠冕
别忘了他看顾你就像看顾高贵的人
别忘了你早已不属于你自己
别忘了你全然曝露在灵界里
别忘了魔鬼从没有忽略你
别忘了耶稣永不会离开你
别忘了你的心是一颗有主的心
别忘了你早已心不由己
别忘了你早已死去
别忘了如今活着的不再是你
别忘了乃是基督耶稣在你里面活着

耶稣天歌

———

耶稣是一首天歌，上帝唱在人间。我曾经情不自禁地开口，又不得不住口——这支歌太恢弘、太浩大、太深远，我没能力吟咏，世界也容纳不下。

一、

天那边流传着一部史诗，在人类消失后仍述说着人类的事情；亘古里飘荡着一支歌谣，在人类诞生前就吟咏着人类的乳名。

有一天我的生命泛出了蔚蓝的韵律，便望见上帝系于天地间的诗魂；那一夜我的血里流溢出静谧的音符，便听见上帝弹在人心底的琴声。

噢耶稣！你风尘仆仆从彼岸走来，那是零年的深夜；我像一株小草哭泣着在这块土地上抽芽，已是两千年的黎明。当我惊讶地发现你还没有离去，当我听到你温柔的呼唤，是我的乡音和乳名，当你指着阳光和雨水，向我转达天父第一句爱的叮嘱，我的心立刻融化了，像一瓣雪花融化在滚烫的热泪中！

从此我步入苍穹，同你一起风餐露宿，沿着四风追逐我的感情！我击碎了花瓶，清扫了瓷片，摊开生涯，搜寻一朵百合花的见证。当我跋涉在沙漠会见死去的弟兄和姐妹，你便用你的目光将他们投进故乡的绿洲。

二、

地仰望着天却不能将天表达，我在你面前也是这样。智慧之光照耀着人类却背逆着你，正像太阳照亮了大地却遮盖了天上的情况。

三角形的逻辑套不住圆润的风，神学的解剖刀取不出漫天的情，条分缕析的聪明尽失了浑沌如一的天韵，繁文缛节的宗教蚕噬了神的清澈与澄明！

噢这就是了，这就是为什么：不是玄秘莫测的天书是一个人赤裸的生命，不是冗长的高言大智，是慈父教孺的故事带着呵护声；不是赐下诫规礼仪，是宣告无条件的爱；不是一场世纪之辩，是一声微弱的哀鸣；不是学人之学、强者之强、名家之名、贵族之贵，是一个卑微者的血！全能者这样向我们说话又住在我们当中。噢耶稣！

三、

电脑不如造电脑的更了解电脑，人类不如造人类的更认识人类。人不是用电脑得意的高速思维来思维电脑，神不是用人类自豪的理性思考来思考人类。

注意一下键盘吧！这受控而不能自控的缺口，这谦卑顺服开放的活钮，是它接触了创造者的生命，是它领受了主人的大能。

灵魂是人找不到那部位的一种空白和深奥，只留给上帝之手的一个键盘。生命中的生命哟意志中的意志，速朽中的不朽哟变幻中的不变！她是上帝在人身上的枢密，指引人向善也驱动人行善。

四、

自从贪婪怂恿智慧独立于上帝，罪孽便将灵魂投入了深渊。从此人失去上帝之手的操纵，像无头苍蝇自由地奔突在死亡之前。

古来不乏凄凉的呐喊：除掉罪孽吧，让灵魂彰显！回声却总是智慧的狞笑：来啊，看谁能清除深重如海的圬垢！看谁能挖出埋葬久远的灵魂，谁又能启动麻木锈死的键盘！

耶稣来了！凭着卑微、贫寒、柔弱、凌辱的冠冕，跃身潜入罪恶的深处，来到一个个污秽不堪的灵魂面前，流出自己的血来耐心地冲洗，又用带钉痕的手轻轻抚按。

我的灵魂一接触耶稣的手，顿时涌出欢乐的悸颤！像焦渴的嫩苗在春雨中陶醉了，像五千年前的凤鸣飘到了今天！我知道我里面的灯豁然亮了，接上了永恒不灭的电源；一股通天的光明、信心和勇气，流溢出清纯、顺服和安然！

五、

当主的鸟儿纷纷下水，去效仿鱼的深奥，我刚刚从海中逃出，带着湿重的翅膀！

当人的鱼儿纷纷上岸，去追逐鸟的高翔，我欢然欣赏着，上天降临的死亡！

低下吧，高傲的头颅，丧钟已在头顶敲响；那支生前与死后的长歌，你永远没机会欣赏！

　　这就是为什么，我笨拙却要吟诗，我嘶哑却要歌唱。诗是心的溪流，歌是灵的闪烁。如今迈入心灵之主的宫殿，谁还有高言大智？谁能不流情如火？主啊，我的诗我的歌！

圣诞赞歌

这是上帝选定的日子，太初赶来发芽，叫死谷长出生命树。在人的视觉之外，到处张灯结彩，一片欢腾！

——黑夜沉睡，鼾声麻木。

这是上帝选定的地方，地球上唯一一片古土，知道只有一个太阳，翻耕了几千年，等待着种子落下。

——地界倏忽，肥沃流淌。

这是上帝选定的方式，处女的身孕，一坐胎就蒙羞辱；肮脏的马槽，一出生就遭冷遇；入世而落荒，嚎啕满故乡。

——黑夜怕晨星显露它的原形，死亡怕种子破了它的权柄。

这是上帝选定的种子，种在了人间最底层，承受着罪孽，穿过了苦难，长成一座通往至高者的天梯，叫各阶层的人都能攀援。

上帝的事，件件令人不解：马厩里昏暗的灯光，竟是天国的窗口；一声可怜的啼哭，竟永远撕裂着人类的心肠；一对年轻夫妇，在凄凉与孤独的深夜，竟接生了新纪元的曙光！

那日子静悄悄入了世界，像酵入了面，越发越大，直到面缸充满——那静悄悄的日子，后来叫公元！

那一天匆匆而逝，被另一天掩埋，种子却追过日子，破土而出——那匆匆而逝的一天，后来叫圣诞！

那一夜人们照常安眠，除了天使和魔鬼，没有人注意到一次贫寒的生产——那照常安眠的一夜，是基督教文明的起源！

那一夜天幕拉开了，一粒火种飘下来，从此灵魂燃烧着灵魂，星火燎原，灵火通天！焚尽了欧美，又向东亚蔓延！

那一夜圆满自足的永恒裂了一个细缝，叫一切匍匐者——唯一的姿势，顺着婴孩进入，里面的日子叫永生！

这是古老预言应验的日子。先知先贤们终于看见：卑贱的圣者，像绽开的蓝天，告慰了东方与西方的千古之灵，又拥抱着万族践入明天的预言！

噢，令人困惑的日子，人竟不能不困惑着活在其中！令人敬畏的日子，这日子过去越久人越无法逃脱！令人感激的日子，每一份感激都生出新的感激！

这是上帝给人的日子！

我来到这日子，进入那一夜，同你一起诞生！众星静默！在昏暗寒冷和干草马粪的气味里，我们相视而笑，噢，我的主！我的朋友！我的弟兄！

献上生命的芬芳

《马可福音》14章3-9节，玉瓶被打破了，香膏浇在主头上；一颗心不再收回，化作哪哒的芬芳！

这是至真至贵的爱，尽了一个女人所能；女人无话，空气凝听，满屋子飘溢的香气里，有她深情的歌声！

主啊，你就要赶赴黑夜了，去为我们采摘黎明！献上这珍藏已久的馨香，默默为你送行；忧伤又喜悦哟上帝的受膏者，一个平凡的女人作证！

噢，美妙的女人，上天入地的美情！当香膏缓缓沁入蓬垢的黑发，又滴向褴褛的衣衫，主啊，你的心也感动了，说这是一件美事，普天下都要传颂！

谁说女人枉费？不如赒济穷人？岂不知你们常有穷人，哪怕遍地流金；你们却不常有我，即令悲哀苦寻！

是啊，你走了，不！你没走！多少富人因你走了而贫穷，多少穷人因你没走而富有！

可哪是我那一玉瓶至贵的真哪哒香膏呢？好拿来打破浇在你的头上！你微笑着说我知道是什么，就是我的心，我的爱，我的生命，我珍惜看重久久深藏的一切！你悄悄问我能吗？我默然无声地向你走去，像那默然无声的女人……

有感于霍金的变化

作为一个伟大的科学家，一个杰出的残疾人，一个诚实的智者，我一向非常尊敬霍金。尽管他不是基督徒，但我一直认为上帝会喜悦他。

他的诚实可以从下面一件事看出来：一次演讲中，当他说到"我们现在基本上可以描述宇宙是如何运行的"，全场响起热烈的掌声；他紧接着又说"可我们依然不知道为什么"，全场一片肃静。

在畅销书《时间简史》中，他多次将宇宙的奇妙归于上帝，并以上帝的名字结束全书：当我们真正洞悉了宇宙的全部法则时，也许就摸着了上帝的心意（The mind of God）。据说当时的教皇曾接见他，赞扬他为拉近科学与信仰作出的贡献。

最近，美国CNN著名主持人赖瑞金采访霍金，恰好我在机场电视上看到。无论是采访中，还是在霍金的新书《大设计》（The Grand Design）中，他一反常态，一口咬定大爆炸理论证明了宇宙从虚无中诞生，不需要上帝，只是物理法则使然。

我很吃惊。吃惊的是在没有增加任何新事实的情况下，霍金的结论，或者说霍金的立场一下子变了。他一点也没有否定《时间简史》对宇宙的描述，却否定了当时自己的心态。那曾是一个诚实的心态。如今，不仅我实在想不出他断然否定上帝的理由，我相信连他自己也没有理由。因为他确实没有、也无法提出任何理由。只是一个武断的判断，只是一个个人的喜好，就像一个小孩子说：I don't like it！

不单是骄傲，似乎还有一股灵里的辖制。

过去他脸上开朗、从容、淡然的微笑不见了。

第一，解释How（如何）的科学，与寻求Why（为何）的哲思和信仰，从来是相辅相成的。科学一般不回答Why，科学法则只描述How。爱因斯坦发现了E=MC²，但为什么E=MC²？他并不晓得。达尔文发现了一些生命进化现象，但他不能解释为什么生命是进化而不是退化？也就是说，即便是科学（进化论只是一个假说），也不能代替哲学，更不能取代信仰；每一个科学家也必有自己的哲学观念和信仰立场。霍金说只有物理法则就够了，不是心里话。过去他说"依然不知道为什么"，可见他也是一个会思考Why的人；他曾进一步把"不知道"归于上帝，更表明他并非没有信仰基因。如今，他真的以为How可以取代Why吗？他真的相信，是宇宙的物理法则从无到有创造了宇宙？我不信。因为这无异于说：飞机的飞行法则创造了飞机，电脑的运行程序创造了电脑！

第二，任何法则背后一定有制定者，一定有形成的原因。这就是上帝在人类心灵程式中放入的Why要素。上帝将这个要素放入人心中，为的是叫人寻求他。这个Why要素曾诱导爱因斯坦想到：我们用了人类最高的智慧都研究不透的宇宙法则背后，一定有一个更高的智慧。面对DNA生命密码的深奥程度，Why要素也引起微软总裁比尔盖兹感叹：人类电脑工程师们再优秀的软件设计，也无法与其媲美。为什么原来也是如此诚实的霍金，今天却好像失去了Why要素呢？

第三，如果说宇宙的探索可以止于物理法则了，那么，这个法则显然就是宇宙的终极原因、第一推动者、最高主宰，就是"上帝"。那么，那真正创造了宇宙及其法则的上帝，便既无存在的余地、也无存在的必要了。那么，这一物理法则的发现者、解释者、掌握着、完善者，就完全取代了上帝的地位。是谁如此"伟大"呢？是霍金等科学家们，是人类的智慧！

蛇说：你们吃的日子眼睛就明亮了，你们便如上帝……！（创世记3:5）

为霍金祷告，愿他回到起初的单纯与真诚。为科学家们祷告，愿他们的灵魂苏醒。为一切迷信科学的人们祷告，愿他们的理性健全起来，心灵的眼睛睁开，就看见上帝的荣耀！

感谢仇敌

我感谢你，我的仇敌，你敏锐的眼睛在无人察觉的黑暗中时时窥伺着我隐秘的罪，叫我怎能不谦卑！是你在神和人面前无以复加的控告叫我在深夜里羞愧地俯伏在我父的脚前！

我感谢你，我的仇敌，是你用无所不在的诱惑，让我知道自己的软弱，于是我读完了《罗马书》第七章，接着读第八章。

我感谢你，我的仇敌，是你无孔不入的毒气不时弥漫在一片芬芳中，几近令我窒息才教会我时刻警醒的功课，又练就我敏锐的嗅觉。

我感谢你，我的仇敌，当你对己对人也对我说你就是神，顺你者昌逆你者亡的时候，我不由地发出幽默到极点时才会有的开怀大笑！你的一切伎俩都是为了让人离开真神。但是你忘了，你的一切伎俩只有当人离开真神的时候才有效；而对于一个属神的人来说，他不会离开神，也不能离开神，因为神不让他离开！而你，魔鬼，只不过是一场逼真而滑稽的欺骗，就像魔术师的技能一样。

是的，假如没有神，对于没有神的人来说，你的确是一条可以伤人的野狗。但是因为有了神,对于在神怀里的人来说,你不过是一条牵在神手里的家犬。你的每一声狂吠,每一次前扑,主都知道。你的意思是咬人,主的意思却不然;当你怒吼时,主露出微笑。

我感谢你,我的仇敌,是你不遗余力将我打得遍体鳞伤时,我才懂得什么叫无助地仰望神,才领略到仰望的力量!你的每一次攻击都使我更靠近神的心,你的每一个伤害都叫我更得着神的爱!

我感谢你,我的仇敌,是你——不!是我的主,给了我靠着十字架战胜你、在战胜你的过程中锤炼我、在锤炼我的过程中更好服侍主的机会。

我感谢黑暗,因为黑暗使我渴望光明、奔向光明、珍惜光明,并使我我亲眼目睹光明战胜黑暗那一刻的眩目辉煌!

我感谢仇敌,因为若不是仇敌,我怎么会谦卑、破碎、仰望、信靠和成长?若不是仇敌,我哪里有靠主争战、抢救和夸胜的机会?

我的父,你允许仇敌伫立在我面前、甚至将我抛向仇敌岂无美意呢?这大概就是为什么你允许伊甸园有那条蛇、有那棵树的一片苦心了!

一切感恩颂赞崇拜都归给父子圣灵三一真神!

猫信徒和狗信徒

看到一本书，《猫狗神学大不同》，以猫和狗代表两种基督徒。其中一段话很经典，摘在这里（第一节），我又联想出不少，一并贴上。大家如有新联想，可以凑一凑。谁揣摩出个中属灵含义，也可以端出来，彼此勉励。

狗说：你宠我，你养我，你爱我，你一定是上帝
猫说：你宠我，你养我，你爱我，我一定是上帝。

狗说：你和我在一起，我就越来越体贴你的心意。
猫说：你和我在一起，你就越来越体贴我的心意。

狗说：你对我这么好，你真好。
猫说：你对我这么好，我真好。

狗说，你启示了我，你就掌握了我。
猫说，你启示了我，我就掌握了你。

狗说，你的路就是我的路，你往哪里去，我要找你。

猫说，我的路就是你的路，我往哪里去，你要找我。

狗说，我蹲在路一旁，我要关注主人。
猫说，我睡在路中央，要主人注意我。

狗说，危险来了，生人来了，我就上。
猫说，危险来了，生人来了，我就跑。

狗说，你吓唬我，一定是闹着玩，我好高兴。
猫说，你吓唬我，一定是来真的，我好惊恐。

狗说，我住在这里，这里的主人就是我的主人。
猫说，我住在这里，我就是这里的主人。

狗说，我只有一个家，就是我主人的家。
猫说，我总有一个家，就是喂养我的家，

狗说，我饿，我冷，我苦，我痛，我不走，你依然是我的主。
猫说，我饿，我冷，我苦，我痛，我就走，你不再是我的主。

狗说，我饿了找你，我饱了也想找你。
猫说，我饿了找你，我饱了不想理你。

狗说，我在你身上蹭，因为我喜爱你。

猫说，我在你身上蹭，因为我身上痒。

狗说，我保家护院，平安靠我。
猫说，我护仓守粮，自己找食。

狗说，我忠心耿耿，主人爱我。
猫说，我干我事，主人看不到。

狗说，我跟定你，不管你对我好不好。
猫说，我跟定你，因为你对我好。

水的联想

——

　　难得周六不外出，清晨与妻子一起散步。这些天北加州雨水罕见的多，原来常年干枯的小渠如今流水潺潺，人行路也不时被流水截断。眼前飞过一对鸳鸯，一边飞一边呱呱叫着，听的出来它们是高兴，甚至是狂喜：天啊，哪儿来的这么多水啊！

　　我们住的小镇在一个山谷里。雨水从山上流下来，冲出一支支小溪，穿过小镇，归入连着太平洋的一条河。今年雨水大，小溪不够用，山水就漫了路，也淹了一些低洼的地方。

　　雨后天未晴，我边走边想，上帝创造的大自然多么奇妙啊。就说这水吧，它自身就包含着一条精神法规：天上降下来的水必须从高处流到低处，好滋润全地。多余的水，必须归入大海。这是一道天法，不可抗拒。

　　你看，为了执行这道天法，柔弱无比的水被赋予了神圣的权利，它可以遇山开山，遇土破土，一路上冲出瀑布、小溪、大河。如果需要，它可以在沙漠中开江河，在旷野中开道路。如遭阻挡，比如城市建设破坏了天然水道，却没有建好人工排水系统，等等，水就遵天法、行天命，四处泛滥成灾，甚至咆哮席卷一切，可谓天赋水权也！

所以大禹治水是按水性释放水，而不是逆着水性围堵水。孟子说水能载舟亦能覆舟，全看这舟是否尊重水性，顺从天法。《国语》也说：防民之口，甚于防川，川壅而溃，伤人必多，民亦如之。是故为川者，决之使导，为民者，宣之使言。这实在是中国古人的智慧，观水性以识天法啊！

老子也说过，最柔的是水（莫之柔），最强的是水（莫之坚），最善的也是水（上善若水）。

想到此处，我彷佛突然明白了为什么《圣经》里说"公平如大水滚滚，公义如江河滔滔"。（阿摩司书5:24）原来这是说公平公义就像水一样不可抗、不可阻、不可堵啊！原来，平，是水百折不挠的目标，也是水百战百胜的结局。原来《圣经》是在用水性比喻神性的威严，昭示人性的尊严，又用洪水与江河警诫人类何以为祸、何以为福啊！

上帝啊，你的话里深藏着真理和祝福！

古罗马时代的基督徒

古罗马帝国是一个横跨欧亚非、延绵500年的世界强权。耶稣在世的日子，恰值这个空前绝后的大帝国最得意的100年。在它广阔的疆域内，有统一的货币，共同的语言，发达的交通，开放的文化，普遍的公民权，以及和平的周边环境。这一切，无疑是基督福音早期立足和快速传播的一个天赐良机。

耶稣从死里复活以后，又同门徒们一起生活了40天后，归回天父。在犹太人的五旬节，秘密聚集的门徒们突然一个个被灵火点燃，应验了耶稣升天后要赐下圣灵来的应许：圣灵降临在你们身上，你们就必得着能力。你们要在耶路撒冷，犹太全地，撒玛利亚，直到地极，作我的见证。不可一世的罗马帝国不会注意到这个小小领地上发生的这一小小事件。罗马人继续过着声色犬马、骄奢淫逸的生活。

耶稣的门徒四处传扬耶稣复活的好消息，又以圣灵的能力医病赶鬼，印证他们所传的道。从耶路撒冷到雅典和罗马，许多人归入耶稣的名下。这些被称为基督徒的人，都圣洁自律，远离罪恶，彼此相爱，亲如一家。他们不仅遵守罗马的一切法律，生活品德还远远高出这些法律之上。只有一件事例外，就是他们不把皇帝当作上帝来敬拜。正是这一点，导致了罗马政权对基督徒的残酷迫害。

虽然耶稣早就说过，凯撒的归凯撒，上帝的归上帝，然而自以为上帝的凯撒们，坚持凯撒的归凯撒，上帝的也要归凯撒。

耶稣离世后不到30年，门徒中除了约翰被囚禁在一座小岛以外，其余的全都惨遭杀害。

那时，一个人只要说"我是基督徒"，就会被处死。下面是一段审讯记录。

总督：我劝你不要再信这一套。

信徒：我信的是基督。

总督：你坚持做基督徒吗？

信徒：我是基督徒。

总督：给你30天重新考虑。

信徒：我是基督徒。

总督：你想吃苦头吗？

信徒：经过苦难进入公义有什么不好呢？

总督：你知道我手中有野兽，我可以把你扔给它们。

信徒：让它们来吧！我不能由善转为恶。

总督：我要烧死你！

信徒：那火不过燃烧一会儿就会熄灭，将来为恶者预备的永火，你却一无所知。

总督：判处死刑！

信徒：感谢上帝！今日归回你的怀抱。

基督信仰最初300年，殉道者无以计数，血和泪流淌不息。

无情的杀戮不但没有消灭基督信仰，恰恰相反，殉道者的坚定、喜乐和宽恕，成了上帝伟大恩典和力量的明证。这些被誉为世界不配有的人，以他们神圣不可亵渎的生命，为耶稣赢来了更多的良心和灵魂。许多市民藏匿基督徒如同藏匿闪光的精金，停止迫害的呼声也四处响起。

信仰如地下的岩浆一般更隐秘也更强劲地奔突燃烧着。

一个个家庭、山洞和墓穴，都成了基督徒聚会的地方。

殉道者的血成了教会的种子。一粒种子落在地里死了，就结出百倍的收成，不久，达官贵族中也有了基督徒，其中包括君士坦丁的母亲。

公元312年，君士坦丁在穆永桥（Mulvian）与政敌马克森狄决战前夕，望见天空中有一具明亮的十字架，上面有"靠此获胜"的字样，于是他制作了一面十字架军旗，士兵的盾牌也都画上基督的标记，结果奇迹般打败强敌，攻陷罗马。

第二年，君士坦丁大帝发佈"米兰赦令"，使早已蓬勃于民间的基督信仰完全合法化。

赦令说：现已查明，先前所谓敬拜至高上帝会危害国家利益的说法，纯属无稽之谈……

从此，基督信仰作为罗马帝国的正统信仰迅速发展，以致于日后罗马帝国寿终正寝时，基督信仰已遍布欧洲。

强大的罗马帝国多么像一个专门用来孕育基督王国的坚硬卵壳啊！基督信仰在它里面挣扎、熬炼、成形，直到卵壳破碎，一个强有力的信仰王国破冰而出。

凯撒将耶稣逼到罗马竞技场上一决胜负，结果是，耶稣以不战而获全胜。

怀念谢模善牧师

———～———

　　谢模善牧师于2011年6月30日中午安息主怀。愿主的平安与谢师母同在！

　　谢模善牧师说过，他最大的愿望是归天家之前去一趟耶路撒冷。多少年来，我心中一直没有放下这件事，却也没能成全这件事。如今谢老径直去了天家，我想他既在那里，地上的一切愿望也就算不得什么了。

　　我和他见面是在拍摄纪录片《十字架》时。电话上没说什么，一见面如见故人。他告诉我，他刚刚被提醒，不要见他正在见的人，更不要谈我正准备请他谈的事。他说，你，我怎么能不见呢？不过，谈，最好不要了，过去就让它过去吧。于是，已经架好的摄影机又收了起来。但是当我们一起祷告的时候，老人家泪流满面，泣不成声。我对摄影师说，架起机器吧。在镜头前，谢老一五一十讲述了他几十年的故事。后来大家都看到了。

　　可以说谢老是老一代传道人中比较典型的知识分子。他一点也不回避自己的软弱；恰恰相反，他在极度痛苦绝望中试图自杀而及时被神拦阻那一段，不知令多少人流泪。我自己在编导过程中，每到这一段，每听到"十字架十字架永是我的荣耀"的旋律，每听到主对他说"我的恩典够你用的"，总是禁不住热泪盈眶。他的心被火炼过，纯如精金，又晶莹剔透。午餐时，阳光透过窗户照在他的满头白发和红润脸庞上，辉映出天上的荣光。我忘不了那一刻，他的手颤抖着夹了一口菜，送到嘴边之前，自然自语地说：以前没什么吃的，现在有了，人也老了，吃不下了……

主日在一家公寓里，挤了上百人，多是大学生。不知为什么，当谢老指着我介绍说"这是一位从远方来的弟兄"时，我的眼泪又差点儿流出来。看着这位饱经磨难、白发苍苍的上帝的仆人站在一群虔敬的大学生中间，就好像看见一副古老的十字架矗立在绿草如茵、春意盎然的神州大地上。

后来在上海他家中有一次监视下的拜访，他们夫妇理直气壮地接待我，然后又被前呼后拥地去餐馆吃饭，那一次从始至终留下了不可磨灭的印象。

谢老是一个温和谦恭的人，甚至可以说性格有些柔弱。但我在他身上看到的却是：温和中的铮铮铁骨，柔弱中的百折不挠。怎么来形容他呢？他就像一只刚强不屈的兔子，一头视死如归的绵羊——他毕竟是在狼群中生活了一辈子的羊啊！一辈子的风雨熬炼，一辈子的忠心侍奉，一辈子的十字架，已经使他不再是他，而是主的恩典在他身上，是耶稣基督在他里面活着。

虽然见面不多，每次见面，都看到谢老的眼里含着泪水。后来有人称他是含泪仆人。

谢模善牧师简介：十四岁信主，中学毕业后入读山东神学院，曾任中华基督徒布道会总干事，《布道会刊》和《圣膏》杂志主编。1956年5月28日被捕入狱。靠主恩典度过了23

年监狱劳改生活。出狱后因着福音的缘故又数次被捕关押。他写道："我既以身许主，将生命放在祭坛上当作活祭，或死或活总是主的人。人理当报答主的恩爱，在患难中补足恩主的缺欠，唯愿主旨成就，个人祸福非所计也！"

健全的残障人

很多搞笑的、寓意的、哲理的故事，我都记不住。这个故事，我看了一遍，

便不能遗忘。

从前在西雅图奥运会上，九个智力或身体有残障的运动员站在起跑线上。信号枪响了，他们或快或慢地向前跑去。突然一个女孩摔倒了，大声哭起来。其他人听到哭声，先是放慢了脚步，然后停下来回头看，最后都转身往回走，一起回到女孩身边。其中一个"运动员"把她扶起来，随后大家手拉手，一起走到终点线。全场起立，热烈的掌声久久不息。

这件事叫我想到，在上帝眼里，在人心深处，其实有一个真正的作人准绳，是与世界流行的作人准绳截然不同的。

在世界上，人们一心追求成功，一切为了胜利；人们珍惜机会，发挥优势，都是天经地义的。运动场正是这个残酷无情的世界的一个缩影。小孩子一生下来，立即放在这个模子里铸造着，学校竞争、社会攀比，犹如一场儿童运动会一般。

可是这些残障人却让一切正常人（不管是成年人还是小

孩子）感到羞愧。他们不懂得竞争，不关心成败，竟然在运动场上罔顾人类通行的运动规则，尽情地让爱心和同情心流露无遗。

从心智上讲，到底谁是健全的人？是自以为健全的人们呢，还是这些被他们视为不健全的残障人？

从人性上讲，到底谁更接近完美？是这些看起来不完美的残障人呢，还是自以为完美的正常人？

这真值得人反省：谁更像人的原形？谁更合乎上帝造人的准绳？

正常人可以作出各样辩驳（这正是他们算作正常的标志之一）。但我觉得这些残障人的心态更接近当初上帝放置在人心中的原始样式，也就是更合乎上帝的形象。不然，为什么当她们一起手拉手走到终点时，全场的正常人都那么感动、那么敬佩、那么欢呼呢？在这个发自本能、完全由衷、不可理喻的一致反应里，不是深深隐藏着正常人对自己和世界常态的一种嘲讽吗？

人们津津乐道的聪明，人们视为神圣的成功，人们梦寐以求的机遇，整个人间生存的法则，为什么竟被这些残障人轻易并轻蔑的唾弃了？更重要的是，为什么当人们面对她们笨拙而反常的举动，竟一下子爆发出震撼性的美感？为什么正常人的一切，顷刻间竟显得很鄙俗和羞耻起来呢？

尽管正常人不觉察也不承认，实际上他们生活的常态，是一种病态和罪态。人们的确生活在一套引诱他们、折磨他们、捆绑他们、吞噬他们的魔咒之下，这套魔咒令他们陷入无孔不入、无休无止的无情竞争中。他们心底即使有一丝渴望安息、尊崇良善、趋向同情的良知，也处于窒息状态。只当偶尔被反常事件轰击，诸如被残障人、不幸者、大悲剧唤醒一下，转瞬即去。

加尔文说，人不认识上帝，绝不可能真正认识自己，包含一个意思：不认识光的人，不会知道自己在黑暗中。

残障人在运动场上闪烁出一缕美善之光，值得一直以黑暗为正常的人们深思。

信心的眼睛

我们在认识上帝的过程中，首先认识到的和最后认识到的，都是上帝与我们之间的巨大差异；或者毋宁说，我们只是确切地认识到上帝与我们之间的巨大差异而已！

这正如每当我眺望遥远的彼岸，就看见了彼岸与此岸的漫长距离；或者毋宁说，我只是发现了彼岸与此岸的漫长距离而已，因为关于彼岸的详情，我实际上一无所知。

卡尔巴特的辩证表达，只不过是表达了人准确表达上帝的不可能。

耶稣来了。他从彼岸来。此岸的人们不信他所说，惊奇他所行。

耶稣的生命如耀眼的大光，凝聚成一个焦点，射在我灵魂上，我的灵魂就被穿透了。透过这个灵魂的小孔，我彷佛置身于原先不能企及的彼岸，我可以看见肉眼看不见的景象，我能够接触人间接触不到的能力。

这就是上帝赐下的信心之眼！

信心，既是未见之事的实底，盼望之事的确据，那么，她就是一种不顾一切、冲破一切的力量。她不顾时间和空间中发生的一切。她是看见并抓住一个使现实中的一切伟大都显得猥琐不堪的真正的伟大，她是兴高采烈地投向一个使现实中的一切力量都消失得无影无踪的真正的力量。她是那永久的盼望得到了肯定的回应之后的活生生的笃定。不错，信心是不顾眼前一切的，她甚至蔑视眼前的一切，因为她只深深注视那使一切都失去意义的真正的存在。她不顾现实，不顾常识，不顾时空中发生的一切，当然也不会顾忌困苦和死亡。信心是寄身于一个比现实更高的现实，信心是投靠一个比智慧更大的智慧，比理性更深的理性。信心不仅是看见了远处那更伟大的真实，而且已经看见他向自己伸出了跨越时空的巨手；当然，信心就是已经抓住了没有信心的人看不见的这只手。

父啊，我知道我本不存在，你才是唯一的存在。我也知道你叫我来到世上，是为了叫我体验你所赐的这个世界的全部幸福。然而我已认定了我的全部幸福就是你。这是我甘愿的，你说对吧，我的父？这原本也是你的启示，我觉悟得已经太迟了！

神啊，我不求如人意，也不求如己意，我只求如你意。看来我也不能不如你意。我是多么有福啊！

你在高处，为我察看左右，俯视全程——这是人和我都看不到的。

犹太人的逾越节与中国人的春节

《圣经/出埃及记》记载，摩西要领以色列人出埃及去事奉神，法老王不准。虽然神藉着摩西行了许多神迹，但法老王心里依旧刚硬。最后神不得不灭绝埃及人的一切长子。那一夜，神指示以色列人，每家宰杀一只羔羊，全家守在屋内，门框涂上羊血，那灭人命的看见了就会越过去。后来这一天就成了以色列人的逾越节。

中国人过年的传说是这样：有一个叫"年"的怪物，年初夜里出来吃人。人们得到神谕，将红对联贴在门框上，提前做好饭，全家老少关门、灭火、守岁，"年"就会越过去。后来又燃放鞭炮等等，今天的光景大家都熟悉了。

比较以色列人的逾越节和中国人的春节，有不少令人惊奇的相似之处：

第一，一样重要：都是一年中最大的节日，全家一起团聚。

第二，一样时间：都是一年之始。

第三，一样含义：都是"过"，"逾越"即Passover。

第四，一样起因：躲避"那灭人命的"，躲避那"年"。

第五，一样关键：中国人叫"年关"，以色列人是生死关头。

第六，一样解法：涂红门框或贴红对联，闭门不出，全家聚首，守夜到天明。

为什么春节和逾越节如此相似呢？逾越节是大约三、四千年前发生的事。春节最早可以追溯到商朝。但是中国人把春节叫"过年"起码是后汉的事，守岁起于南北朝，贴对联始于后蜀（公元9世纪）。

如果真是在中国原始的春节习俗上，后来加添了"过年"的传说，加添了贴对联和全家闭门守岁的做法，那么，这些同逾越节非常相近的因素，就真有可能是基督教传教士带来的。因为考古发现后汉已经有传教士来到中国的痕迹。当然这只是个推想。

中国人和犹太人之间的历史渊源还有不少。如果两个民族的相似点，既不能用文化传承来解释，也不能用文化传播来解释，那么，任何一个不满足于偶然性的人，都可能以神迹或圣灵来解释。

德雷莎修女与戴安娜王妃

　　十二年前，世界上两个最著名的女人几乎同时离开世界。戴安娜死于1997年8月31日，德雷莎死于9月5日。这是不幸的巧合，还是上帝的安排？

　　一个是三十六岁猝然暴逝，一个是八十七岁寿终正寝。

　　一个死在浪漫的巴黎塞纳河畔，一个死在贫困的印度加尔各达。

　　一个是与富豪情人逃避记者的拍照双双丧生，一个是静悄悄安息在一只木榻上。

　　一个曾身居皇室，一个住在贫民窟。

　　一个让人想起皇宫里的罪，一个代表贫民窟里的爱。

　　一个风华绝代、楚楚动人，一个矮小枯萎、累累霜皱。

　　一个打扮时髦、衣锦百相，一个清装素裹、终身一式。

　　一个三十六岁便香消玉殒，一个恰在三十六岁时，听到上帝的呼召，开始服侍穷人。

　　我们不知道——假使戴安娜再活下去，会发生什么事？一旦与花花公子多迪法耶兹结婚，她的光景将如何？日后会不会象那位著名的美国时装模特儿一样被多迪甩掉？一个基督徒同一个穆斯林的婚姻会幸福吗？

我们却知道——如果德雷莎还活下去，她将一如既往，象耶稣一样默默住在穷人们中间。噢，上帝！您怜悯戴安娜，正如您怜悯德雷莎一样！

在英国金碧辉煌的皇宫前，摆满了海潮一般的鲜花。

在印度昏暗的教堂里，凹凸不平的墙根下戳不稳一支支燃烧的蜡烛。

伦敦街头蜂拥着几百万整洁、优雅、芬芳的怀念者，来怀念他们"永远的王妃"。

加尔各达的街道上，排着土灰、饥瘦、破烂不堪的穷人，来瞻仰一位"穷人的圣者"。

戴安娜留下的遗产大约七千万美元，德雷莎只留下了两身衣服，两双鞋。

正当人们推测哪位小王子将继承戴安娜的七千万遗产时，新闻界宣布：德雷莎已经把她的全部遗产——上帝的爱，留给了人类。

不错，戴安娜也是个受害者，她顾怜那些贫穷、残疾、病患和无辜者。正像许多人所说，戴安娜是个好人，体贴人、平民化、可爱可敬！但这不正是问题所在吗？人们把荣耀归在她的名下！

德雷莎则是将一切荣耀归在神的名下！

戴安娜的一切美德都属于自己。德蕾莎则没有自己。

戴安娜是属人的。每一个人从她身上多多少少都看到了自己，看到了自己潜意识的梦（人的极至）和痛（极至的破灭）。她是人的偶像，人岂能不为她的猝死而心潮澎湃呢？

德雷莎是属神的。每一个人，只要愿意，都能从她身上看到耶稣，进而看到自己的亏欠、不义和苟且。

人们崇爱戴安娜，或多或少是因为她的显赫和尊荣。人们敬爱德雷莎，却并非因为她是诺贝尔和平奖获得者。恰恰相反，是德雷莎给了诺贝尔和平奖以荣耀（挪威诺贝尔委员会主席塞基斯德语）。

一九九五年初，我在美国总统早餐祈祷会上，亲眼目睹弱小的德雷莎，站在支持堕胎的克林顿夫妇旁边，义正词严地谴责美国正在进行着一场屠杀婴儿的战争，屠杀者就是婴儿的父母，屠杀的理由则是自己的舒适和方便。当时，全场起立，掌声经久不息，唯有克林顿夫妇坐着，尴尬地鼓掌。

不过，当克林顿站起来致辞时，说了一番真话。他说：

国会两院和我作出的决议，可以影响人类世界的前途。但是一百年后，这些决议将成为废纸一堆，而德雷莎修女做的事，永远不会过时，永远不会褪色，永远是人类的希望之光，因为她属于永恒。

愿上帝按着人的本相，怜悯每一个需要怜悯的人。至于弟兄和姐妹，我要说，你们要敬畏耶和华，单单侍奉他，单单依靠他，单单荣耀他！

世界说上帝说

朋友送来一串不错的句子，我有一些删改。

世界说：如果你很成功，别人会来服事你
上帝说：如果你真的成功了，就要服事人

世界说：为今日而活
上帝说：为永恒而活

世界说：我爱你，因为你…
上帝说：我爱你，虽然你…

世界说：不可能做到的
上帝说：在我凡事都能

世界说：只要亲眼看见，我就相信
上帝说：那没有看见就信的有福了

世界说：相信你的眼光

上帝说：倾听圣灵在你里面微小的声音

世界说：真理是相对的
上帝说：我就是真理，永不改变

世界说：我没有永远的承诺
上帝说：我的应许永远算数

世界说：爱是你的感觉
上帝说：爱是我的心肠

世界说：要走自己的路
上帝说：来跟从我

世界说：没有人能知道未来
上帝说：你的未来在我手中

世界说：注意你的公众形象
上帝说：我看你的内心

世界说：没有谁可以永远信赖
上帝说：你可以永远信赖我

世界说：确立你人生的目标
上帝说：找到我造你的目的

世界说：你是芸芸众生之一
上帝说：你是我独特的创造

世界说：神是不可知的
上帝说：我已藉我的独生爱子耶稣向你显明

世界说：你天生如此
上帝说：你可以重生

世界说：你不能改变你的过去
上帝说：我可以涂抹你的过去

世界说：你有自由去做你想做的事
上帝说：你有自由不做不想做的事

世界说：善良的人总是垫后
上帝说：善良的人总是第一

世界说：不会有人知道的
上帝说：我洞悉万事

世界说：千万不要放手
上帝说：放手吧

世界说：如果你不为自己争，没有人会为你争的
上帝说：与你相争的，我必与他相争

世界说：生命是进化而来的
上帝说：生命是我创造的

世界说：信仰是个人的事
上帝说：你是世上的光和盐

世界说：要让每个人看见你所做的善行
上帝说：不要叫左手知道右手做的善事

世界说：一错再错，反正上帝会原谅你
上帝说：悔改吧，不要再犯了

母亲的福气

母亲已经年近80，平日里天天忙碌伺候我们，做饭，收拾家，经营她的菜园子。我在农村长大，对家人一般不说感谢的话。倒是我妻子有点洋派，嘴边常说"谢谢娘"。母亲节又到了，有机会安静下来感念母亲的辛劳。

母亲3岁丧母。自从有继母以后，就照顾继母所生的弟弟妹妹。"从十一二岁起，就当头牛使了"，母亲回忆说。入冬后，人们都呆在家里，继母差她去摘棉花，每天下来，她都背回家三、四十斤棉花。北方的冬天寒风刺骨，她身上没什么保暖的衣服，脸被吹的干巴粗燥，带着一道道血丝。她说那个年代哪有护肤霜擦啊。

在母亲16岁时，继母就把她嫁出去了。没有相亲，她出嫁那天才第一次看见我父亲。

当母亲把她小时候的事情讲给我女儿听时，女儿那时10来岁，说：奶奶，你就是Cinderella（灰姑娘），哪天我回中国，我要去问她为什么对我奶奶那么mean（不好）。奶奶说：回去你也不能不礼貌，她那么大岁数了，怪可怜的。我在老家时每年都看她一趟，给她带点好吃的。女儿说：奶奶你说什么？你还对她这么好？母亲就是这么一个人，记在她心里的，永远都是别人的好处。

我们家有点儿像电影《活着》的故事，祖上很富有，我爷爷好赌懒做，家境没落了。我奶奶是大户人家出身的小脚女人，跟着爷爷经历了卖地、卖房、最后搬到了一个小陋室的艰难。这时解放了，土改时我们家划为下中农。家境好的堂叔伯家划为地主，堂兄弟们别说上学当兵，连找对象都难。我奶奶那时感慨地说：瞧，你爷爷还真把这家糟蹋对了！今天想起来，这是恩典！

奶奶知道母亲在娘家没人疼爱，待母亲很好。但奶奶老规矩很多，对儿媳妇的要求还是按老理儿。母亲进了远家的门，就得从头学各种规矩。从做饭、针线，到说话办事，都很严。父亲是少有的老封建，脾气坏，限制母亲出门。母亲整天在家里，没完没了地料理家务，唯一出门走动的，就是每年清明节回娘家扫墓。母亲做一手好饭，一手好针线，乡亲们都找她裁剪衣服。

我父亲89年去世时，母亲56岁。街坊们知道她不容易，都劝她学打牌，散散心，但她推却说，已经习惯不出门了。那时我侄女刚上小学，正在学拼音，母亲就跟着孙女学。后来孙女烦了，说：奶奶，你别老问我了，我教你查字典吧。从此母亲有了字典这个拐杖。大概在1995年，有一天我收到了一封信，是母亲亲手写的，一笔一画工整得很，我十分惊讶。因为我知道她从小没上过一天学，不认字，更不会写字。

1997年，母亲第一次来美国。那时从村里到乡里，管事儿的人都不清楚护照怎么个办法，大家都羡慕她。到美国后，我和太太商量好，我们自己先不急着向她讲福音，只要活出好样子来，带她去教会和团契，让弟兄姐妹多讲给她听。母亲性情腼腆，很少说话，不愿去人多热闹的地方。说来是主的安排，没多久，台湾王建煊到洛杉矶灵粮堂开布道会，我们带着母亲去。那天晚上教会满满的，太太带着母亲坐在过道里加添的椅子上。王建煊讲得很精彩，呼召的时候，母亲在座位上站起来决志信主。我们那天晚上都激动得睡不着觉。

后来，教会里一个很爱主的台湾姐妹，每周带母亲读经祷告，布置一周的作业，连出门度假都打电话到我们家，检查母亲的灵修进度。

母亲受洗那天，妻子怕母亲对公众讲话不习惯，就陪着母亲站上台作见证。母亲说：我现在明白了为什么在50多岁后，我一心只想学认字，原来是上帝早有预备，让我学会认字，读圣经。

母亲住满一年回国，团契聚会中，大家请母亲说几句。母亲说：我不会说什么，给你们背一首诗篇吧。我已记不清哪一篇，很长的一篇，背下来一字一句一个磕巴都没打，大家都很吃惊。那时母亲能背50首诗篇。

之后母亲来来往往，每次住一年。除了腰和膝盖有些毛病，上楼、弯腰和爬台阶比较吃力，她的头脑一样清晰，记忆力也不差，不仅背诗篇，新约也背了很多。前几天听她说，早饭后出去走路，一直走到菜市场，再往回走，来回正好背完约翰福音前七章。

我们家迎来送往很多人，尤其过去的六、七年里，我们这个小镇上，不断从国内来一些电脑工程师，妻子就带领这个年轻人的团契。妻子非常好客，常常一个电话告诉母亲今晚来多少人吃饭，母亲就拿出她的一手好饭菜，就是有名的大饼和北方菜，于是大家热热闹闹一晚上，一边吃，一边传福音。太太常说，让娘受累了，母亲总是说，我做不了别的，服事大伙儿就是服事主。我们周围的人，大概都吃过母亲烙的大饼，也有很多人吃过她包的饺子。很多弟兄姐妹们都跟着我和妻子一起，管母亲叫"娘"，常开玩笑说：娘啊，你开个远家大饼饺子店，肯定生意好！

有些国内长辈来到美国，语言不通，又没有串门聊天的，会感到寂寞，可母亲总是说她的时间不够用。她早上六点起来就跪着祷告。说来真是神奇，母亲膝盖不好，走路只能走平路，平时不能弯腰，但唯有一大早就伏在床边跪着祷告近一个小时，天天如此，居然没有问题。她的祷告单子很长，姐妹会里的姐妹们，不管是否已经回国，弟兄姐妹的下一代，凡是请她祷告的，她都一个不漏为他们祷告。太太也常常将她知道的需要祷告的弟兄姐妹告诉母亲，请她代祷。我们看见她身上有神的同在，恩典满满围绕着她，让她在晚年享受上帝丰盛的爱。

祷告完后就是准备早餐，为每人打一大杯蔬菜水果汁，蒸红薯和鸡蛋，加上自己做的全麦馒头。馒头里有七八种粗粮，掺上南瓜子、葡萄干。

等我们上班走后，母亲出去走路，回来在后院里收拾她的菜园子。我们家在距旧金山一个多小时的乡下。从冬天到夏天，我们总能吃到母亲种的新鲜蔬菜。加州天暖，冬天可以种萝卜缨子，夏天有西红柿黄瓜豆角。

得空时，母亲还喜欢做她的针线活，衲鞋底，做各式各样的拖鞋，有时去探亲访友，最大的礼物莫过于母亲带上自己亲手做的拖鞋了。

当然，母亲最喜欢的，是每天安静读圣经的时间。她极享受这段时间。她也读弟兄姐妹的见证，经常落泪，赞美主耶稣的恩典和大能。在许多事上，母亲这样一个单纯的农民，一生没上过学的家庭妇女，她的信心比我们都大，她的心比我们都安静。母亲为自己在晚年能有这样丰富的生活感恩不尽，常常对亲朋好友们说：信主的人多么有福啊！

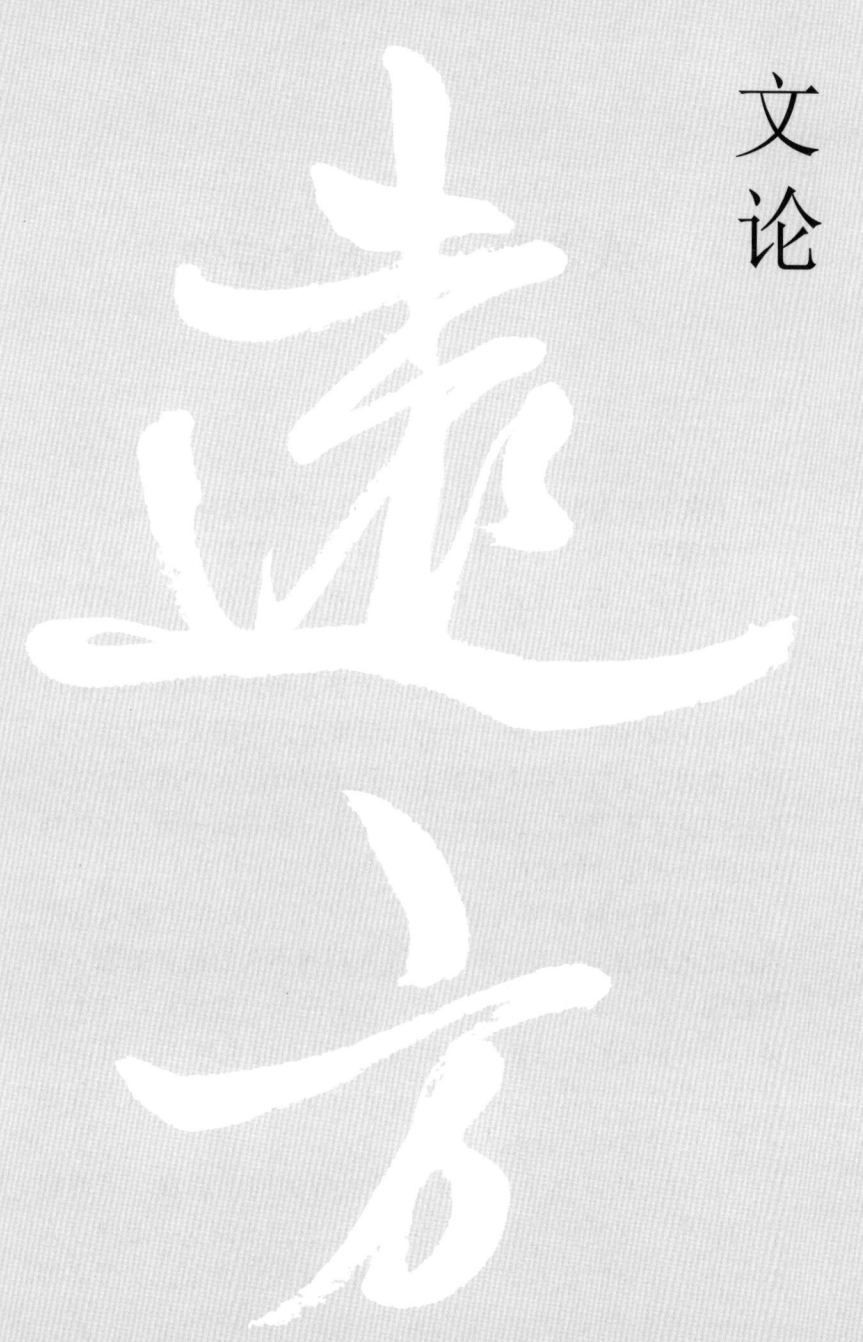

文论

远方

我怎样走进基督信仰

我能够成为上帝的仆人，完全是上帝的奇异恩典。

如果把无神论与有神论、世俗中国与基督信仰，看作两个精神世界，那么我是在这两个精神世界里都涉足很深的一个人。

在无神论世界里，我有12年军龄，曾经是中国人民解放军北京卫戍区的一名政工干部。后来进入中国人民大学，主修马克思主义哲学硕士和博士。我20岁就加入中国共产党，担任过党支部书记。20世纪80年代末，被卷到中国文化批判和改革开放运动的最前沿，直到1989年离开中国。

在美国普林斯顿大学受洗一年后，1992年，我入读密西西比改革宗神学院。毕业后进入创刊不久的福音杂志《海外校园》。后来从事影视制作，先后完成《神州》、《十字架》、《福音》、《彼岸》和几套见证布道系列DVD，在海内外广泛传播。与此同时，十几年来几乎每个周末在世界各地布道，带领数以万计的人信主。

我的一些依然生活在无神论世界的同学朋友，不理解我的转变。这是很自然的。连我自己也想不到我会走到今天这一步。年轻时我有许多人生目标，比如哲学家、文学家等等，但从来不曾想到当基督徒、牧师之类。的确，无神论与有神论，世俗与神圣，说到底是人与神之间，有一道本质的鸿沟，是人自己不能跨越的。这有点儿像电脑与人之间的本质鸿沟，电脑无法跨越一样。

当我思考这一巨大跨越是如何在我身上发生的时候，我不能不把一切归给神。我意识到，这绝不是我的选择，而是神的拣选；不是我的发现，而是神的临在；更不是我配得，而是神的恩典。

我从三个方面来谈：

第一，是神叫我寻找他

我从小好奇、好学。夏夜望着天上的星空遐想，冬天面对飘落的雪花沉思。大自然一直是我的最爱，仿佛里面藏着我的梦中情人。中学时，我开始思考人生的意义。坦白讲，青年马克思给我不小的影响。他说，人应该选择最能为人类谋福利的职业。他使我鄙视一切自私自利、碌碌营营的人。中学毕业后我在农村生活两年，那两年读了当时我能找到的一切书。后来我在军营里，业余时间全部啃书，文学哲学科学等等。那时我开始思考宇宙从哪里来，异想天开地写了上百万字手稿，是一个无神论的智力游戏。中国恢复高等教育后，我参加自学高考，在北京军区一路领先。1982年那一年，我在《人民日报》等大报刊一口气发表十几篇文章。第二年，我没上大学本科而直接读硕士学位。硕士课程没读完，转为博士生。博士答辩在即，那年初夏，我离开中国。

我列举这些是想说明，我生来就是一个喜欢刨根问底、不满足于现有答案的人（我对猴子变人的说法从来就没有想通过）。现在知道是神在母腹中就拣选了我，让我的遗传基因带着不可遏止的探索欲，不认识神绝不会停止。

这里插个故事。我当兵时，奶奶在家乡先后找过两个算命瞎子为我算命，结果都说，你这个孙子不得了啊，会一直往上升，升到最高位为止。家里人听了糊里糊涂地高兴，我听了一笑了之，心想什么最高位？国家主席？联合国秘书长？今天看来，我的确一直在找啊找啊，一直向上找，找到至高上帝才停下来。这种所谓命中注定，不正是上帝的命定吗？

耶稣说：寻找的就寻见。我是个寻找的人，所以神为我开门。这不是出于自己，乃是神所赐的。

第二、是神叫我呼求他

有时候寻找也会令寻找者骄傲，以为靠自己的智慧和意志是可以找到的。所以到头来，神会让这种寻找进入一条死胡同，叫寻找者在绝望中谦卑下来，仰望他，呼求他，最终由他亲自来成全人的寻找。

那一年，在成与败、生与死中，我看清了自己作为人有罪、有限的本相。过去的偶像统统被打破了。一直寄托着我的希望的东西，彻底令我失望了。我一直栖息眷恋的地方，怦然关上了大门。我曾深信不疑的人的力量，倾刻间不知去了哪里。我最引以自豪的智慧头脑，看起来一点儿也靠不住。真理、正义、良知和爱，这些神圣不可侵犯的东西，都被无情践踏了。我的道德，我们这些自以为高尚的人的道德，在突然临到的自由中，在权与利、财与色的诱惑下，也纷纷垮掉了。在与家人遥遥无期的分离中，情感的脆弱也显露无遗……

　　我还能指望和依靠什么呢？当上帝如此将我逼回到生命底线的时候，我才开始留意上帝自己。上帝，我的生命的真正的根基，这时向我露出笑脸。在巴黎难民营里，牧师送来《圣经》。我开始阅读这本以前虽然拥有、却从来没有闲暇也没有渴望去读的书。当时我自己有点儿吃惊，在日记中写到：我是读着毛泽东和马克思、唱着《东方红》和《国际歌》长大的，没想到今天读起了《圣经》！

　　耶稣说虚心、哀痛、贫穷的人有福了。神爱我，就把我逼成这样一个人，或者说，逼我回到这样一个真实本相，好叫我领受他定意要给我的大福。如此恩典是何等奇异啊！

第三、是神的爱吸引我

　　我是在美国普林斯顿大学作访问学者期间，第一次全面接触基督徒的。那时我的飘泊感、失落感很重。一句"得到了天空，失去了大地"，是我当时心灵的真实写照：在海外虽然很自由，却没了家园，没了根。

　　基督徒的爱令我惊奇。不仅是生活上无微不至的关怀，送来吃的穿的用的；更重要的是心灵的体贴，扑面而来的温暖。他们一直把我的事放在心上，不断为我的家人祷告。每周末的聚会充满喜乐，人人脸上阳光灿烂，眼中一片真诚。与他们相处就像与一群可爱的小孩子相处一样单纯，无需戒备。虽然他们讲的一些道理我不理解，但那似乎已经无关紧要，我已经被一种挚爱与真诚的气氛征服。在情感和直觉的认同中，我的理性也一下子潇洒起来，我心里想，不管他们所相信所痴迷的是真是假，只要世界上有这么一股力量，能把人心中的美善如此激发出来，我就应该来探索一下，看看这股力量到底是什么。

基督徒把自己身上的一切美德都归给耶稣，正如他们把一切过犯都归咎于自己一样。他们很自然地引导我把目光从他们身上转移到耶稣身上。他们当时在查考《希伯来书》，却建议我先去读四福音书。我是从《马太福音》开始读的。我永远忘不了当我读到耶稣话语时的欣喜与激动。当他指着日头和雨水向人类述说天父大爱的时候；当他指着飞鸟和野花叮嘱人类不要为明天忧虑的时候；当他对一个犯奸淫的女人说"去吧，我也不定你的罪，以后不要犯罪了"；当他在十字架上为杀害他的人祈祷说"父啊，赦免他们，因为他们所做的，他们不知道"……我读着这些，多少次热泪盈眶。是什么拨动了我的心弦？我读到耶稣说"我的羊认得我的声音"，我立即说，是的，我知道我是你的羊！

当我直面耶稣的时候，一道天光穿透了我的头脑，径直射进了我的灵魂，带着世上没有的温暖、光明和能量。当我的理性缓过劲儿来，试图像往常一样审查刚才的经验是否合乎理性时，强大的事实已经令它除了乖乖降伏、自惭形秽之外，别无选择了。

第四、是神的灵重生我

我深知人的智慧、道德和意志不能使人重生，因为这些东西都是人自我的一部分。我崇尚理性，因为它是服务自我的强有力工具；正因如此，它不可能改变自我。所以，我对神的"理解"不足以使我"相信"，因为相信是对理解的一个跨越，它依靠的不可能还是我的理性，而一定是神的圣灵。

所以当尼哥底母对耶稣说"你一定是从神那里来的，因为你所行的事若没有神同在，无人能行"，他是基于一种理解。虽然他的理解一点儿不错，却既不能使他认识神，也不能使他重生（这两者其实是一回事）。耶稣说，只有在水和圣灵里重生的人，才能看见并进入神的国度。

圣灵像风一样吹进灵魂，当灵魂在圣灵的轻拂中苏醒过来时，她发现自己已经在神的怀抱里了。

耶稣的生命（他的心性和言行即他的血和肉），就是圣灵吹向人心的风。当我敞开心扉（那时我闭上了眼睛）的时候，我不再一样。

我发现了我的污秽丑陋，我不再忌讳说我是个罪人。我很容易感动而流泪，也很容易感恩而知足。我开始体恤别人的软弱。我心中的怨恨苦毒如几缕硝烟被大风吹尽了。我原来就厌恶自私庸碌的人生，现在才懂得舍己、圣洁和使命的人生。我原来一切似乎高尚的理想都是建立在一个败坏的生命上，所以经不起安逸也经不起风雨，经不起失败也经不起成功；现在神却要在我这个败坏的生命上动工了。

我要，神就给；我信，神就能；我顺服，神就成就。

我身上还有软弱过犯。神持续不断地警诫我，叫我不高看自己，也不苛求别人。我深知我是在光明中活着，因为人若不在光中是不能看见自身阴暗的。基督徒认罪，看得见黑暗处，表明他活在光中，他是在白天行走着。

信主之后

　　这是十几年前的一篇文章，记录了我信主初期的属灵历程。虽然异象部分已有超越，我还是将全文放在这里，跟一些也是"信主之后"的弟兄姐妹们分享。盼望更多信徒放下世界、死掉自己、投身异象，走出来跟从主。

　　一转眼受洗快七年了。回头望去，每一步足迹上，都有天父无形的身影。他的引领和爱护，每每细致入微又奇妙莫名，说起来恐怕三天三夜也说不完。我只能简述天父做在我身上的三件圣事。

天父叫我放下世界

　　记得一九九一年初春，当我的"无神的世界"变成"有神的世界"，霎时间神的荣耀充满了我的心灵、头脑、耳目，洒向流亡生活的每一个角落。岁月的阴霾一扫而光。阳光和小草向我述说天父的慈爱，蓝天和大海向我展示天父的胸怀，连原来漫不经心、熟视无睹的人间百态，此时也一齐向我佐证天父救恩的宝贵。从此我再也不能无视神。我活在了神国里。神国里处处见神。记得过去读到萨特的话"人生就是荒诞、恶心，从虚无中走来，向虚无中走去"，觉得不可思议。如今恍然大悟：这不正是一个无神论者飘忽生命的本相、终其一生挥之不去的潜意识吗？过去听尼采说"上帝死了！上帝不死，我就不能活！"以为是无聊的疯狂。如今晓得，这是一个堕落的罪人面对公义之神痛苦挣扎时呼喊出来的真心话，难怪尼采很快疯癫不治了。不错，既使在我的专业——人类寻求、漠视乃至反对神的哲学智慧中，都闪耀着天父不可磨灭的光辉。哈利路亚！这是天父自己向孩子显现了！

　　世界立即露出了原形。它再也揪不住我的心。不是我可以放下世界，不，我生于斯长于斯，哪有能力离开呢？是天父太好太真了，将我的心吸住了；是天父有能力有权柄，将我轻轻拥进他怀里。我不能不放下手头上的政治文化研究，写出《受洗告白——扑向梦寐以求的故乡》，尽管不少人觉得突如其来、难以理解。我没有能力拒绝各方教会和团契的邀请，去见证耶稣基督在我身上的救恩。我抑制不住喜悦的心情，不能不将大好的信息告诉远在北京的妻子，尽管她听起来像天方夜谭，误会百出。一年后，我终于不能不进神学院了，尽管赴美不久的妻子还没有信主，有牧长好心劝我"再等一等"。尽管有一千个情理、一万个规矩，我却无法抗拒神的呼召！

　　1992年9月我进入Jackson改革宗神学院后，写信给弟兄姐妹们说："我立志研读神学，弘扬真道，不是一时冲动，实在乃是神意使然。自从上帝进入我心，我便再也离不开他。昼思夜想，所见所闻，莫不与他相关。往日修学累积，也与神道融汇贯通。圣灵所至，俗念休矣。如此，我便无法不走这条天路了。我常因此感叹神的伟大奇妙，亦常因此心存感激。"

　　感谢天父，我一认识他，他便提醒我注意分辨他自己与诸罪人——不管是蒙恩的罪人还是未蒙恩的罪人——之间的本质不同。他叫我轻看不是他自己的一切，只将信赖和盼望放在他身上。进入教会，看到各式各样人的问题，比如罪性、派性、狭隘性、虚伪性。这丝毫没困扰我，反叫我更直接、更单纯地信靠神。台湾《旷野》杂志发表一位基督徒的声明，列数他离开教会的原因，我连夜给他写了一封信，说：上帝与教会的区别，基督与基督教的区别，神与神学的区别，是天壤之别。有时后者只是占有前者的名义，甚至沾污前者，这在历史上还少吗？神就是神，人就是人。信神的人仍是人。冲着人，我永远不会相信神；恰恰相反，对人（包括自己）的彻底失望使我投靠神……归来吧，不要只回到教会，不要只回到神学，径直地、彻底地回到他——你的永生之主。

　　有一位从北京到哈佛进修的朋友，告诉我三种传说，说我加入教会，是因为在过去的圈子里混不下去了，另寻出路；是我意志薄弱，情感脆弱，找一种心理慰藉；是我出风头，赶时髦，就像当年参军、入党一样。这些风言风语，叫我太太难过了许久。天父开启我，叫我知道，这些话一句也不值得理会，世人不这样想才怪呢！我那时有感而发，写了一篇《我有了神》：我不受来自人的荣耀，也不受来自人的责难，因为我有了神。我不戴来自人的冠冕，也不中来自人的毒箭，因为我有了神。我不喝来自人的美酒，也不饮来自人的苦杯，因为我有了神。我不信来自人的真理，也不受来自人的迷惑，因为我有了神……

　　记得1992年5月，普林斯顿中国学社的成员们逐个表态是否留下来，因名额有限，外面一些学者渴望加入进来。结果没有人愿意离开。我最后一个表态，我要去密西西比读神学。这意味着，我将失去这里的一切待遇。一位爱护我的学长叫我不要一意孤行，免得头破血流。我心里却格外平安、充实。我当时不知道学费和一家三口的生活费从哪里来，更不曾考虑三年之后如何谋生。我只是像小孩子一样，随着父亲的身影向前走，似乎走向一片未知，又似乎早已知道了；似乎走向一无所有，又似乎早已样样都有了。大陆家庭教会的一位小姐妹小敏，仿佛为我而歌：曾经拥有的不再拥有，曾经寻求的不再寻求，曾经留恋的如今挥挥手，曾经走过的路不再去走。有主方知甜，没有主才是苦。既然跟主走，何必再让世界挽留……

天父逼我死掉自己

　　在普林斯顿，天父叫我"放下世界"；在神学院，天父逼我"死掉自己"。

　　我英文不好，刚入学时，听课一锅粥。太太不信主，不时闹着去纽约打工。女儿在幼儿园受到一些种族歧视。我常常偏头痛、胃痛。乍一接触繁杂的神学派系，又给我新鲜单纯的信仰投下了浓重的阴影……那些日子，不说头破血流，也算焦头烂额了。我不得不一次又一次、长时间跪在神面前。我彷佛听到神的呼唤：孩子，到我这里来！在那个空旷荒凉的地方，在那紧张劳累的两年半，我直接上神的课比上神学院的课多得多。现在我知道，那是神爱我，逼我这样。在压力下，我天天深夜祷告；压力越大，祷告时间越长；考试前夜，除了祷告，我竟什么也不能做了。不是我灵命好，也不是我懂得依靠神，是我不得不这样！明天就考试了，讲义上英文单词还没背完呢！只剩一夜了，再怎么用功也无济于事了，干脆、也只好求天父施恩怜悯了！每一次天父都使我心异常安宁和清醒，他用甜蜜和信心将我充满，亲自安慰我、默感我。

有一次，烦躁和焦虑格外强烈，天父似乎不答应我的祷告，我一下子仰面朝天瘫倒在地，在绝望中张开双手，喊着说：父啊！钉死我！钉死我！随后，彷佛正是主耶稣身上的铁钉，一下子钉进了我的左手，我的右手，我的双脚！我忍不住剧痛，嘶叫了三声。我说"父啊，我将灵魂交到你手里！"说完便"死"了。死一般的寂静中，心灵就像断了奶的婴孩在母亲的怀中，那幸福和满足，岂能用言语来形容！世界已经不存在了，全宇宙鸦雀无声。也没有了我，只有昔在今在永在的神。当我的意念一蠕动，第一个闪现出来的意念就是：父啊，让我永远这样下去⋯⋯这时传来一个亲切的声音：孩子，你理当尽诸般的义（马太福音3:15）。我爬起来，安然上床，很快入睡了。那时已是凌晨。

感谢神！神学院逐次考试我都通过了，还有A和A+。妻子受洗归主，并完成了商业管理和会计两个专业。女儿在基督教小学受到良好教育。两年半时间，天父供应我一家三口的学费、生活费，月月充足有余。我的偏头痛和胃痛也好了。

天父真好！他让我得到这一切，却不让我在顺利中得到。他把我放在逆境中，好逼我亲近他，好逼我死掉自己！天父最了解我，知道若不这样，我难以单单寻求他。天父最疼爱我，知道我只要寻着他，就比获得全世界还好。噢，亲爱的父，我无法用言辞感谢你，我只想对你说：我已将生命无忧无虑地交给了你！

回想一下，迄今最宝贵的一课，是天父亲逼亲授的"与主同死、死而后生"。耶稣和使徒一再强调必须舍己背十字架，这实在不是一件苦差，乃是诸般天恩中最大的一份。自从天父逼我尝了这滋味，我就再也丢不下了。我天天在夜祷中，求神让我死去：让我的肉体连同它滋生的罪念全然死去（加拉太书5:24），让我头脑中属人的智慧全然死去（哥林多前书3:18-20），让一切世俗的牵挂思虑全然死去（哥林多前书7:29-31）。我深知"我"若不死掉，我就没有一块圣洁的心田迎候天父亲临；"我"不死掉，我就难以真切领受圣灵的感动与交通；"我"不死掉，主耶稣就不能在我里面全然活着。

写到此时，恰好读到《竭诚为主》中"你穿白衣而行吗"一节。作者章伯斯（Oswald Chamblers）说：一个基督徒，必须有一个"白色的葬礼"。死了才会有复活——复活在耶稣基督的生命里头。死的意思是你不复存在。你真的来到生命尽头了吗？你是否有勇气向神说：这一天是我在地上最后一天！不要绕着墓地走来走去，始终不肯死去。记住，若没有死的转折点，圣洁永远不过是幻影！

天父领我投身异象

放下世界，死掉自己，为了什么？为了自得其"乐"吗？为了修练成"仙"吗？都不是。天父叫我单单仰望他，逼我切切亲近他，只因他知道，若非如此，我无法承受天上来的异象、权柄和品格，好受差遣出去传福音。

　　一个重生得救的基督徒传扬基督的福音，不仅是天职，更是天性，不传福音就活不下去。耶稣说："我是为这事出来的。"（马可福音1:38）保罗说："我是不得已的，若不传福音，我便有祸了"（哥林多前书9:16）。

　　我信主不久便四处传福音，也不是我愿意传，是活在我里面的福音涌流不息，时而滚滚，时而潺潺，我若不传出来就憋死了。开始只是见证耶稣在我个人身上的奇妙作为，后来天父引导我一步步深入，使我看到他也是十二亿骨肉同胞一直翘首苦盼的上帝，是古老神州上下五千年的真正主宰。天父又渐渐启动我过去在文化、历史、哲学、文学和政治学等领域的知识积累，使我看到，救恩虽然出自犹太人，他的见证却遍满天地万物、古今中外；耶稣虽是"以色列的圣者"，却早已在亘古便是"全地之神"。在中国的悠久历史文化中，也不乏上帝的普遍启示。

　　有一次，在"保罗书信"课上，《老子》一句话突然冒出来："上德不德，是以有德；下德不失德，是以无德"，正切合保罗批评律法主义。回家以后，我重新打开《老子》一书，神光之下竟读出许多从前不曾读出的深意。我大喜过望，知道是神的引导，当即决定翻译破读，作为毕业论文。第一步，先得看看两千多年来诸多专家学者的注释。我必须回北京。可能吗？没想到跪下来时，天父说"行"。几个月后，我在北京王府井、海淀、琉璃厂各家书店中，搜罗了大批有关书籍带回密西西比。另一个难题出现了：若用英文完成老子论文，对我来说几乎不可能。我又跪了很久。开学时，温以诺博士，这所美国神学院的首位中国教授来了，学校准许他指导我用中文写毕业论文。毕业后，天父安排我来到《海外校园》杂志社，完成了《老子与圣经》全书。1997年6月此书出版，真是一件神迹！

这部书探讨了老子笔下的道与《圣经》之上帝、圣人与耶稣、修道与灵修三方面的奇妙关系，发现《老子》是上帝救恩在古老神州的一个预工。

其实天父让我看见的，远不只一个老子，乃是整部神州历史都在他的主权作为之下。他早已在《圣经》中启示，中国人也是挪亚的后裔。既然如此，神州先祖们一定听说过创世、伊甸、洪水、方舟、献祭诸事。如今这一事实得到了证实：在《尚书》、《诗经》、《天问》等远古文献中，在许多象形文字中，都发现了与《圣经》相吻合的记载和寓义。这样的见证一定还有许多，天父必将在圣光之下向我们一一显明。如今神州大地福音空前传播，正是拯救的日子，这日子是天父定的！

天父要神州儿女们深深忏悔。《神州忏悔录》一书即将完成，将会拍成电视系列片《神州》。这是民族灵魂的认罪声。神州原本有敬天、顺道、畏上帝的道统，正是孔子所谓"大道之行"的敬虔时代。春秋以降，神州背离了上帝，陷入人本主义，只见人不见神，乃至以人为神，造就了一个自残自虐、自闭自负的人治社会。在罪恶与痛苦中，中国人不见上帝，不知忏悔，不得拯救。如今中华民族需要的，岂止是富强？她不是更需要回归上帝、让灵魂在忏悔中重生吗？

我发现自己早已落在天父手中。他使我从小有一颗如饥似渴、追根寻源的心。他用十几年农村生活赐我纯朴，又用十几年军旅生涯锤炼我的体魄。他叫我了解人类智慧，反省历史文化，又叫我与祖国共命运，体尝民族的血和泪……他在母胎中就拣选我，在风雨中造就我，在流奶与蜜之地按立我。我早已不属于自己，早已无可选择，只是顺服之后才明白！

亲爱的弟兄姐妹，相信你身上也早已烙着天父独特的美意，及早去发现去顺服吧！

大上帝小窄门

一、

上帝有多大？天和天上的天，还不足他居住（列王记上8:27）。地和地上所有的，都属于他（诗篇24:1）。

上帝的门有多窄？若不藉着拿撒勒木匠的儿子耶稣，没有人能到他那里去。凡不从耶稣这个门进来的都是贼，都是强盗（约翰福音14:6;10:7-9）。

上帝有多大？诸天述说他的荣耀，苍穹传扬他的手段。他无言又无语，声音却通达天下，言语传遍地极（诗篇19:1-4）。

上帝的门有多窄？耶稣说，天上地下所有的权柄都赐给我了，所以你们要去使万民作我的门徒。凡我吩咐你们的，都教训他们遵守（马太福音28:18-20）。

为什么永恒、无限、荣耀、全能的大上帝，只开了一个短暂（在世33岁传道3年）、局限（血肉之身）、卑微、柔弱的生命为小窄门？

为什么通向灭亡，路宽门大，通向永生，却路小门窄？（马太福音7:13-14）

这正是独生子的奥秘。因为没有任何人、任何物，唯有耶稣，将上帝完全表明出来了（约翰福音1:18）。不管任何人、任何时代，只有在他身上才能看见并得着上帝的恩典、真理和荣光（约翰福音1:14）！

二、

在耶稣的视野里，阳光、雨水、飞鸟、野花都带着神性。他说凡是不反对你们的就是你们的朋友。他说一切先知和律法的总纲就是爱。他赦免那按照公义的律法不该赦免的罪人。他说把一件善事作在一个最小的弟兄身上就是作在上帝身上。他说以往许多君王、先知、义人都是期盼他的人。他说娼妓和税吏要比宗教领袖们先进神的国。他说学者进天国会把新老的东西都拿出来。他说还没有亚伯拉罕就有了他。他说还有另外的群羊要归他这一个好牧人。他对出卖他的犹大说，你要做的事你去做吧。他对三次不认他的彼得说，你回头以后要激励你的弟兄。他为杀害他的刽子手们祷告说，父啊赦免他们，因为他们所作的，他们不晓得。他以圣洁无暇之身为污秽不堪的罪人们受死而无憾。他在第三天复活之后丝毫不再记念被杀之事……

在耶稣身上，闻不到一星点儿狭隘、清高、自隅的宗教气味。后来两千多年间一些宗教家从耶稣身上编织出许多神圣的教派教义教条教理，无形中将耶稣团团包裹住了，人们见这见那，就是见不着耶稣的面。

既然人进的不是小窄门，信的就不是大上帝。

我看见一些简单淳朴、无羁无绊的信徒，直接跟随耶稣，重现使徒时代，进的是小窄门，信的是大上帝！为此，我的心欢喜，我的灵快乐！哈里路亚！阿们！

三、

有一点要强调，基督教的教义神学、宗派传统、属灵经验等等，凡是从主耶稣基督的根基上生发建造起来的，都非常宝贵，一点儿不可轻视。只是，这些东西是在将人引向耶稣基督时才产生价值的，哪一样也不能阻挡、更不能代替耶稣基督自己。很不幸，这种以神学教义取代耶稣自己的现象，后来成为教会走下坡路的原因之一。有一句俄罗斯谚语，好是最好的敌人，讲的就是这个道理。坏的，反倒不容易阻挡最好的，因为人一眼就认出它是坏的。唯有好东西，令人羡慕、佩服、沉迷的，极容易使人忘记那最好的、简单明了、纯朴无华却无比宽广的耶稣基督。

不直接而单纯进入耶稣这个小窄门，基督教就离开大上帝而蜕变成诸多宗教中的一种，囿于一隅，边缘化了。我们不能这样！

四、

小窄门与大上帝的关系非常清楚：这一头越窄，另一头越宽；这一头越小，另一头越大；这一头越专注，另一头越宽广。一个基督徒越是仅仅以耶稣为至宝，仅仅以基督的心为心（不被宗教派生物所阻隔），那么，他的心胸就越是广大，他的爱、饶恕、感恩就越是丰富。

我结识各类教会信徒，发现有一个规律，越是注目于耶稣真实生命的，越有福音使命、社会使命、文化使命、人类使命。相反，越是注目于某一种宗派传统或某一类宗教经验的，越远离上述使命而仅以局限于自己的宗派传统和宗教经验为满足。

这有点儿像几何图形，一头是尖的（小窄门），那么另一头就会无限的扩展下去（大上帝）。否则就会成为两条平行线，永远是那么宽，就像在一条小巷子里，两面都是墙壁，出不去，进不来，也碰不得，自觉很安全，其实是废了。

基督徒的属灵生命这一头要从宗教扎下去，向耶稣扎根，福音使命那一头才能从教会走出来，向社会结果。

为什么要讲这些呢？因为只有大家都回归、扎根在耶稣基督他自己身上，教会才会有复兴、有合一，信徒才会有生命、有长进，牧者才会有大上帝、大境界、大胸怀、大使命，才能一起承受大上帝在中国的大作为！

基督颂之一：上帝在基督里

一、

如果没有上帝，人们谈论他就是枉然。

如果有上帝，人们谈论他也是枉然。因为他既是一个灵，人的理性和科学就无法触及他，即使一些心灵敏锐的人些许感悟到他的存在，也无法理性地表达出来，更枉谈科学的证明。

然而，不管有没有上帝，不管该不该、能不能谈论他，事实上人类一代又一代一直在谈论他。人们不能不谈论他，就像干渴的人不能不谈论水一样。可水在哪里？真的有水吗？为什么人们都在乾渴中死去？

二、

人类谈论最久、知之最少的，就是上帝。

人类渴望最深、失望最甚的，也是上帝。

人类亟需上帝的引导，却总是在寻求上帝时迷失。

三、

我看见世界上有一件最重要的事，是几乎所有人都不明白的，这件事就是：虽然上帝永恒无限，无所不在，但在人间，他是作为一个人的生命展现出来的，他是只在、全在、活在耶稣里叫人看见的。

以为没有上帝的无神论者不明白这件事，多方寻找上帝的诸宗教徒也不明白这件事，即便自以为在耶稣里找到了上帝的基督徒们，也常常不明白这件事。

四、

天是一个奥秘，人是一个奥秘，耶稣是天人之间最大的奥秘。

不认识耶稣的人，不可能认识上帝，也不可能认识自己。

不认识耶稣的人，可以研究基督教，不能理解基督教。

不认识耶稣的人，不是基督徒。

五、

上帝在耶稣里显给人——从来没有人见过上帝，惟有上帝怀里的独生子耶稣将他显明出来。（约翰福音1:18）

从来没有人见过上帝——这是不错的，这是普遍的，这使无神论成为可能。

惟有耶稣将他显明出来——这是关键，这是史实，这使真信仰成为可能。

六、

上帝在耶稣里拯救人——除他以外，别无拯救，因为天上人间没有赐下别的名，我们可以靠着得救。（使徒行传

4:12）

耶稣说，若不藉着我，没有人能到上帝那里去。（约翰福音14:6）

七、

上帝在耶稣里全给人——耶稣说，凡是父的，都是我的。一切所有的，都是我父交付我的。（约翰福音16:15）

圣经说，上帝已将一切的丰盛，都放在他里面。上帝的奥秘，就是基督。（哥林多前书1:19;2:2）

凡是可以向人表达、为人成全的，上帝在耶稣里都成功地——这个词用在上帝身上真是多余——向人表达、为人成全了。

八、

上帝在耶稣里活给人——上帝本性一切的丰富，都有形有体的居住在耶稣基督里面。他并非不体恤人的软弱，也曾与人一样受过各样试探，只是他不犯罪。（歌罗西书2:9-10;希伯来书4:15）

上帝在耶稣里是一个真实的人，这个人活出了一个有血有肉的生命，这个生命是人可以领受和效法的。

换句话说，人看不见的上帝，不再只藏在自然背后，不再只藉着先知说话，乃是直接活成一个人，与人面对面。

凡接待他，就是信他名的人，他就赐他们权柄，作上帝的儿女。（约翰福音1:12）

九、

上帝在耶稣里，成为一个人的生命向人显现、与人相交、为人成全，这就是道成肉身。对人来说：

道成肉身是独一的——所有关乎上帝本性的事，除了耶稣，别无答案。

道成肉身是完全的——所有关乎上帝本性的事，在耶稣里，全有答案。

道成肉身是具体的——所有关乎上帝本性的事，均由耶稣，活出答案。

道成肉身是绝对的——所有关乎上帝本性的事，是他皆是，似非而是；非他皆非，似是而非。

他是上帝荣耀所发的光辉，是不能看见之上帝本体的真像。（希伯来书1:3）

十、

有人会说，耶稣既是上帝的儿子，怎么又是上帝呢？再说，耶稣不是亲口说，父比我大吗？（约翰福音14:28）还有一次，论到末日之期，耶稣怎么说子不知道，唯有父知道呢？（马可福音13:32）

这正是道成肉身题中应有之意。道本身无形无像、永恒无限，但是，当他以肉身方式表达自己，就不能不受限于肉身的法则，比如时间——入世、成长、离世；空间——以色列、拿撒勒；文化——希伯来文化；语言——亚兰语、希伯来语；生理——饥饿劳累；心理——喜怒哀乐，等等。

荣耀与屈辱、崇高与卑微、强大与柔弱、权能与顺服、永恒与短暂等等，集于耶稣一身的冲突与和谐，正是神性在人性中、无限在有限中，表达时的必然。

然而虽然无限——无限的恩典、真理、生命、能力——在有限中展开，他所展开的，依然是无限；虽然神在一个人身上显现，这个人所显现的，依然是神。

由于凡是可以藉着人向人表明的，上帝都在耶稣身上表明了，所以耶稣这个人，就是人可以认识的完全的上帝；除他之外，再没有人可以认识的上帝。

这就是"独生子"的意思。

我再说一遍，这是一个至深的奥秘。有幸走进这个奥秘的人，会发现自己以前不是活人是死人。

十一、

与各种流于仪式、囿于传统、苦于律法、盲于偶像的宗教不同，真实的信仰是真实的个人与真实的上帝之间的真实联结。

这种神人之间的真实连接不可能凭着人的玄思冥想来完成，只能藉着道成肉身、一身兼备神人二性的耶稣来实现。

十二、

两千年来，真正体认到"唯有耶稣"或"独生子"这一绝对含义的人并不多。身兼神学家、哲学家和科学家的帕斯卡尔是其中一个。他在《沉思录》中说：

我们只是由于耶稣基督才认识上帝。没有这位居间者，就没有人与上帝的任何相通。为什么一切关于上帝存在的理论证明都很难打动人？因为这不是藉着耶稣基督来认识上帝。

基督颂之二：耶稣十六字传记

十三、

向人类显明上帝的耶稣究竟是谁？

圣经新约四本福音书中，马太福音和路加福音记载了耶稣作为人子的家谱，约翰福音和马可福音开篇，讲的是耶稣作为神子的身世。

如果通观耶稣神子人子、生死复活之全部，那么，圣经有十六个字概括得惟妙惟肖：太初有道，道成肉身，以马内利，哈利路亚。

十四、

太初有道——在宇宙诞生之前，它的创造者，超越时空的道，也就是看不见的上帝，早已存在了。

太初有道其实不是基督教的独识，太初有道是人类杰出头脑的共识。值得注意的是，不管思想家和科学家们从哪一个角度、以什么名义谈论太初之道，无一不带着迷茫和无奈的心情。

圣经开篇第一句话却无比明确：

起初上帝创造天地。（创世记1:1）

天地是一个事实、一个前提。

天地有一个起初——尽管连牛顿、爱因斯坦都一直以为宇宙是无始无终的。

起初是一场创造——所谓大爆炸和大演化只是人类不确切认识的表象。

创造者就是上帝——除非上帝告诉人类，人类永远不可能知道这一真相。

十五、

这个太初之道，就是耶稣的本体。

圣经旧约说，伯利恒以法他啊，你在犹大诸城中为小，将来必有一位从你那里出来掌权的，他的根源从亘古、从太初就有。（弥迦书5:2）

圣经新约说，太初有道，道就是上帝，万物都是藉着他造的。他来到人间，人间却不认识他，也不接待他。（约翰福音1:1, 10）

耶稣自己说，未有世界以先，我与父同在荣耀里。我与父原为一。我是从父出来的。（约翰福音17:5; 10:30, 16, 27）

十六、

道成肉身——看不见的太初之道，就是上帝，公元零年在处女马利亚身上坐胎入世，成为人类可见可听可识可交的一个肉身生命，名叫耶稣。

上帝化作一个人的生命。上帝成为一个活生生的人。

不是道成一套理论，不是道成一套律法，不是道成一套仪式，乃是道成一个肉身。

圣经说，道成了肉身，住在我们中间，充满了恩典和真理。我们见过他的荣光，正是父独生子的荣光。上帝当初藉以创造诸世界的，就是他。承受万有并一直用权能的命令托住万有的，也是他。他本有上帝的形象，却甘愿虚己，成为人的样式。他入世洗净了凡信他的人身上的罪以后，就回到高天至大者那里去了。（约翰福音1:14;腓立比书2:6;希伯来书1:1-3）

十七、

在圣父、圣子、圣灵三位一体的上帝中，圣父是从来没有人见过的（约翰福音1:18），圣灵也不会自动降临世人（约翰福音14:15-17;16:7），藉着道成肉身，圣子耶稣以人类可以观察理解的人生形态，将圣父表明出来（约翰福音1:18），又将圣灵差来赐给奉他之名受洗的人（约翰福音15:26;使徒行传2:38）。

十八、

上帝需要道成肉身，因为肉身之人不能认识上帝。

上帝可以道成肉身，因为创造天、地、人的上帝有能力成为人。

上帝必然道成肉身，因为按照上帝慈爱的本性，他面对人类徒劳而艰辛的寻找不会无动于衷，他眼见人类在罪与死中挣扎不会置之不理。

上帝早已道成肉身，他在两千年前已经藉着耶稣的所言所行、所作所为，将自己的完美神性活化于天下了。

十九、

无神论是建立在人不寻求神的基础上——上帝垂看世人，看有寻求他的没有，连一个也没有（诗篇14:2-3）。

诸宗教是建立在人靠自己来寻找神的基础上——如佛教自称是人的智慧的宗教，还有一些宗教，是靠人遵行律法、修炼德行和崇拜偶像。

基督信仰是建立在神寻找人的基础上——我从天上降下来，是要寻找拯救失丧的人。不是你们拣选了我，是我拣选了你们。你们当信我。你们若奉我的名求什么，我必给你们成全。（约翰福音6:42;14:11-14;15:16;路加福音19:10）

二十、

以马内利（神与我们同在）——太初之道既已置身人间，就不再离去。耶稣带着神的恩典、真理和权能与人合一，成为人的身、心、灵的救助。

圣经旧约预言，必有一婴孩，为我们而生。他是处女之子，名为以马内利。他是奇妙策士，全能的神，永在的父，和平的君。他的权能与平安必与日俱增，无穷无尽。看哪，神的帐幕在人间，他要亲自与人同住，作他们的神。（以赛亚书7:14;9:6-7;启示录21:3）

二十一、

在耶稣里，上帝不再遥不可及，他有形有体、有情有义地住在我们中间。在他奇妙的降生和非凡的复活中，我们看见了上帝的荣耀。在他的言行举止、为人处事中，我们感受到上帝的真实。在我们对他不断增加的认知和信心中，我们汲取着上帝的力量。

在耶稣里，上帝不是靠先知转达旨意，乃是直接向人说话；不是用一套知识来说服世人，乃是用自己的生命来救赎世人；不是用律法惩戒罪人，乃是亲身担当世人的罪；不是给人命令叫人去行，乃是手拉手与人同行；不是让人挑那挑不起的重担，乃是将担子从人身上挪去，担在自己肩上。

在耶稣里，我们可以天天吃神的话语，喝神的性情，咀嚼神的生命。

在耶稣里，上帝可以成为我们最知心的朋友。

在耶稣里，上帝永远不会离开我们：我不撇下你们为孤儿，你们在我里面，我也在你们里面。无论在哪里，哪怕只有两三个人奉我的名聚会，我就在那里，在你们中间。我与你们同在，直到世界的末了。(约翰福音14:18-20;马太福音18:20;28:20)

二十二、

以马内利，上帝在耶稣里与人同在，这件事奠基于耶稣入世的历史事实，凭藉着圣经的宝贵记述，更重要的，离不开圣灵在人心中的运行。

耶稣与圣灵是一体的。耶稣就是圣灵（哥林多后书3:17）。耶稣的肉身已经离世，此刻耶稣与我们同在，显然是圣灵与我们同在。圣灵在我们心里直接见证耶稣，圣灵也让我们在阅读圣经时看见耶稣。

耶稣说：我要从父那里差遣真理的圣灵下来为我作见证。他要荣耀我。他要指教你们一切的事，引导你们进入一切的真理，叫你们想起我对你们所说的一切话，还要将从

我领受的一切，包括未来的事，都告诉你们。（约翰福音15:26;14:26;16:13-14）

不必进庙宇，不必建祭坛，不必入圣殿，不必去朝圣，你只要奉耶稣的名，就可以在圣灵里随时随地敬拜神。

耶稣说：上帝是个灵，你们拜他，不用到山上，也不用去耶路撒冷。如今时候已到，他要在你们的心灵和诚实里，悦纳你们的敬拜。（约翰福音4:21-24）

二十三、

哈利路亚（赞美神）——太初之道既然与人同住，就为人成全一切：赦罪、医治、平安、永生…… 。人所应做的，就是凡事信靠他，感谢他，赞美他！这是人生的最高境界。

耶稣在十字架上知道各样的事已经成了，就说，成了！便低下头，将灵魂交付神了。（约翰福音19:28-30）

耶稣复活以后对门徒说，天上地下所有的权柄都赐给我了。你们奉我的名，无论求甚么，我必成就。（马太福音28:18-19 约翰福音14:13）

我听见天上好像万众的声音，洪涛的声音，雷鸣的声音，说，哈利路亚！被杀的羔羊、我们的主、全能的神作王了！哈利路亚！救恩、荣耀、权能，都属于他！（启示录5:12;19:1,6）

二十四、

全能上帝既然来了，岂不成了？

既然太初有道，岂不道成肉身？既然道成肉身，岂不以马内利？既然以马内利，岂不哈利路亚！

上帝之为神，就是要做人做不了的事，要做出人意料的事，要做叫人喊哈利路亚的事！

人有罪责不能推卸，他来赦免——在他那里必得洁净。

人有苦难不能消除，他来承担——在他那里必有平安。

人有重担不能支撑，他来挪去——在他那里必定轻省。

人有病痛不能战胜，他来医治——在他那里必生信心。

人有软弱不能自持，他来扶助——在他那里必有力量。

人有死亡不能逃避，他来拯救——在他那里必见永生。

你将在圣经里亲眼看见这一切，也必将在生活中亲身经历这一切。

二十五、

他赐给你胜过一切的信心。

他为你重塑一个崭新的生命。

他拓宽你每一天的心胸。

他提升你一生的境界。

他将不息的平安放在你里面。

他伴随你出你入、你行你止。

他是你不灭的盼望，不管是风是雨、是死是生。

哈利路亚！

二十六、

耶稣，我以澎湃的热血和燃烧的心颂咏你的名字！我朝着深邃的天空和广袤的大地呼唤你的名字！为什么你的名字在我口中比蜜还甜？为什么你的名字在我心里比光还亮——你的确是我的太阳，是你每天把我照亮——为什么你的名字对我来说就是一切？不，你的名字超过一切，胜过一切！是因为你年轻而纯洁的血流成了一条千古爱河吗？是因为你的卑微和柔弱竟如此无坚不摧吗？是因为你永远微笑着，像春风又像夏雨，像秋阳又像冬雪，无时不在笑看着人生吗？

你是我的神！

每一念及你，我就会升华。你使我的心变得无比宽大和茁壮，使我从刚刚还缠绕着我的成败得失、七情六欲中，从一切的一切中升腾起来，顿觉人间没有什么大事，连生死也是一件很小的事了。哈利路亚！

基督颂之三：到耶稣这里来

二十七、

太初有道，道成肉身，以马内利，哈利路亚，这十六个字勾画出一幅浩瀚无垠的耶稣画像。

基督信仰的内核原本极简单：到耶稣这里来。

凡劳苦担重担的人，可以到我这里来，我就使你们得安息。（马太福音11:28）

到我这里来的人必定不饿。（约翰福音6:35）

人若渴了，可以到我这里来喝。（约翰福音7:37）

若不是蒙我父的恩赐，没有人能到我这里来。（约翰福音6:65）

凡父所赐给我的人，必到我这里来。（约翰福音6:37）

到我这里来的，我总不丢弃他。（约翰福音6:37）

到我这里来的，在末日我要叫他复活。（约翰福音6:44）

凡到我这里来，听见我的话就去行的，就是把房子建造在磐石上。（路加福音6:47-48）

把病人带到我这里来！（马可福音9:19）

让小孩子到我这里来！（路加福音18:16）

你们查考圣经，以为里面有永生，给我作见证的就是这经，然而你们不肯到我这里来得生命。（约翰福音5:39-40）

二十八、

《竭诚为主》的作者章伯斯说得好：人生真正重要的问题原本极少，这些问题都在到我这里来这句话里得了答案：不是你们要做这个，不做那个，乃是你们要到我这里来！

二十九、

什么叫到耶稣这里来？

耶稣要你心灵的归依：你相信我吗？

耶稣要你眼目的凝视：你认识我吗？

耶稣要你情感的投注：你爱慕我吗？

耶稣要你意志的降服：你听从我吗？

耶稣要你主权的让渡：你属于我吗？

耶稣要你信心的交托：你依赖我吗？

耶稣要你生命的汲取：你吃喝我吗？

耶稣要你使命的承担：你跟随我吗？

到耶稣这里来，就要信耶稣，但不是一信了之。你还要认识他的丰富，爱慕他的性情，听从他的吩咐，隶属他的国度，仰赖他的能力，吃喝他的生命，跟随他的脚踪。这样身、心、灵、知、情、意，全人归向他，是他倾福于你的必经渠道。

三十、

如何到耶稣这里来？

你可以在圣经中认识耶稣。

整本圣经都是耶稣的见证。耶稣说，给我作见证就是这经（约翰福音5：39）。

耶稣常说按经上所记，人子要如何如何；复活后又将经上凡指着自己所说的话，解释给门徒听（路加福音24:25-27）。耶稣离世后，门徒也是从经上起，对人传讲耶稣（使徒行传8:35）。

从创世纪到启示录，圣经六十六卷书，都是耶稣道成肉身十六字传记的注释和解说，都有他的气息和踪迹：要么是预言他，要么是期盼他，要么是隐喻他，要么是彰显他，要么直接表明他，要么间接见证他。任何人都可以藉着这本圣经，到耶稣这里来。

四福音书则是耶稣的血肉。四福音书，即圣经新约前四篇，是耶稣生平忠实无伪的记录——任何人都知道耶稣的门徒都是些卑微的小民，不可能杜撰出如此超然的境界——神如何活为人，神性如何活为人性，都有形有体地记载在四福音书里。

门徒亲眼见过的父独生子的荣光（约翰福音1:14），都直接闪烁在四福音书里。

耶稣所是所言所行，所求所为所思，所喜所忧所虑，所责备所赞许所爱憎，所宣告所成就所应许，所启示所提醒所恳求等等，都珍藏在四福音书里。

上帝给人的一切恩惠，都凝结为一个有血有肉的生命，活生生展现在四福音书里。

任何人要想到耶稣这里来，都应当仔细咀嚼四福音书，直至将这书，不！将这人、将神吃在心里。

三十一、

你可以在圣灵里经历耶稣。

耶稣身上的恩典、真理和能力，比圣经记载的多得多，比耶稣当年所行也要多得多（约翰福音21:25;5:20;14:12-13）。这更多的，是在圣灵里。

第一，关于耶稣，圣经已经告诉你可以告诉你的一切；藉着圣经，你可以知道你可以知道的一切。这是通向耶稣的唯一通路，是认识耶稣的唯一标准。圣经说，但记这些事，要叫你们信耶稣是神的儿子，叫你们信了他，就可以因他的名得生命。（约翰福音20:31）

第二，到耶稣这里来，光读圣经文字是不够的，还要顺服圣灵的感动。若不顺服圣灵的感动，没有人能认耶稣是主（哥林多前书12:3）。若顺服圣灵的感动，耶稣就必作他的主。

第三，信耶稣、得生命之后，耶稣会在圣灵里继续与你同在，继续在圣经话语上开导你，继续在你心中责备、安慰你，继续赐能力、显神迹给你。

第四，圣灵的作为不会违背圣经所见证的耶稣，恰恰相反，他是要见证荣耀耶稣，叫人想起他说过的一切话（约翰福音16:14;14:26）。若非如此，便不是圣灵的作为了。

三十二、

你可以在圣徒中看见耶稣。

两千年来，没有一个圣徒身上没有叫他成圣的耶稣的影子，没有一个圣徒身后没有留下耶稣与他同行的脚印。十二使徒、保罗和早期教父们，圣法兰西斯、劳伦斯和盖恩夫人，加尔文和马丁路德，葛培理和德雷莎修女，宋尚节、王明道、倪柝声、林献羔、袁相忱、谢模善，更多有名无名的信徒们，他们的生命带着耶稣的烙印，他们的谈吐发出耶稣的馨香。到耶稣这里来，就要承接两千年的信仰瑰宝，圣徒相通，同走天路。

三十三、

凡是渴望上帝的人，上帝叫他到耶稣这里来。

凡是愿意到耶稣这里来的人，上帝为他准备了圣经，供他查考历史上太初之道、道成肉身的耶稣；也给他赐下圣灵，使他经历此时此刻以马内利、哈利路亚的耶稣；又为他建立了圣徒，叫他看见活在一代又一代人生命中的耶稣。

藉着圣灵、圣经和圣徒，耶稣就真实、立体、鲜活地呈现在人面前。

耶稣说，人看见了我，就是看见了父；父在我里面，我在父里面；我与父原为一。（约翰福音14:9-10）

三十四、

不幸的是，人生往往是在最重要的地方，错失最重要的机会，办砸最重要的事情。

恰恰是在认识上帝这件最重要的事上，人们忽略耶稣这个最重要的人。

人类的危机在此，教会的危机在此，生命、灵命和使命的危机均在此。

三十五、

当一些人向天仰首、声言看不见上帝的时候，他们没有想到，上帝已经成了一个人，正站在他们面前。

当一些人穷心皓首、试图从理论上论证上帝的时候，他们没有想到，上帝已经成了一个生命，正活在他们中间。

当一些人至虔至诚、一心揣摩上帝奥秘的时候，他们没有想到，上帝已藉着一个人的生命，将自己的奥秘显明给他们了。

基督颂之四：无神论的盲点

三十六、

曾有一个人发出一个自称"让所有基督徒都无法勇敢面对"的挑战：你怎么知道你所信仰的就是上帝？因为一旦涉及超自然，人的理性就不具备辨识能力。世界上这么多宗教，哪一个不声称自己信仰的是真神？撒旦如果有智商，也必然以上帝的面目来猎取信仰者，人岂能分辨呢？

这个人如此发问，显然是不认识耶稣。令人惊讶的是一些基督徒好象也不认识耶稣似的，一味从理性与上帝、灵性与超自然、宗教比较和撒旦面目等角度与他辩论。为什么不直接了当告诉他：看这个人！（约翰福音19:5）这就是上帝！让我指给你看，上帝就在耶稣里！你看他活出了只有上帝才能活出的无条件的爱，你看他说出了只有上帝才能说出的宇宙人生的真相，你看他行出了只有上帝才能行出的超然大能。

在耶稣里，人原本看不见的上帝如今可见了，人原本听不到的上帝如今可听了，人原本不能辨识的上帝如今可辨识了。

耶稣说：你们的眼睛是有福的，因为看见了；你们的耳

朵也是有福的，因为听见了。我实在告诉你们，从前有许多
先知和义人，要看你们所看的，却没有看见，要听你们所听
的，却没有听见。（马太福音13:16-17）

三十七、

有一个叫罗素的哲学家，从另一个角度责问上帝：你如
果有全智和全能，又有千百万年的时间来使你所造的世界臻
于完善，你难道造不出一个比孕育出三K党和法西斯更美好的
世界吗？

他指着猖獗的邪恶责问：全能的至善者你在哪里？他指
着无情的灾难责问：至善的全能者你在哪里？他指着遍地的
死亡责问：拯救人类的永生上帝你在哪里？

面对这些责问，基督徒的回答依然是：上帝在耶稣里！

耶稣说：在世上你们有苦难——因为你们是生来有限、
有罪、有死的人；你们用上帝赐予你们的自由悖逆上帝，又
将悖逆上帝导致的恶果归咎于上帝；你们中间哪一个可以置
身于人类自亚当以来的败坏之外呢？

但你们可以放心，我已经胜了世界；你们在我里面有平
安（约翰福音16:33）——我来到你们中间，不是来解释苦
难，因为那于事无补；我也不是来消灭苦难，因为那等于消
灭你们；我来了是要替信赖我的人——你看我依然给你们自
由——承担苦难并战胜死亡。我为此而生，为此而死，为此
而复活。

这就是耶稣，成为人、体恤人、站在人的现实光景中搭
救人的上帝。哈利路亚！

基督颂之五：基督教的误区

三十八、

不明白上帝在耶稣里，成为一个人的生命与人相交，这不仅是无神论者的盲点，也是基督教的误区。不少基督徒以另一种方式忽略着耶稣基督。

三十九、

为什么受洗多年了，仍然在罪中挣扎，颇感软弱无力却又无可奈何？

为什么你有心追求上帝，却彷佛触摸不到上帝而陷于迷茫？

为什么你自知失去了起初的爱心和信心，却怎么也拾不回来？那起初一遇见就心里火热的耶稣如今在哪里？

不错，你当初遇见的的确是他，可是后来渐渐有越来越多出自他和围绕他的好东西——神学教义、宗派传统、礼仪见证——这些本来指向他、归于他的好东西，却将他遮挡了。当人们停留于"好"不再前行时，好就会成为"最好"的敌人。

四十、

为什么参加教会生活很久了，家庭生活依然没有什么起色？

为什么同工不能同心，同事不能共事，想解决也解决不了？

为什么教会不能影响社会，砥柱中流，反倒是信徒被世俗裹挟，身不由己？

为什么自称基督徒的人很多，跟随基督走天路的人很少？

尼采曾挑战基督徒：你们说你们的救赎主活着，那就请你们活出被救赎的样子来吧？

让我告诉你，尼采，不是他们的救赎主没有活着，是他们不真认识他们的救赎主，几乎就像你不认识这位救赎主一样！

四十一、

我说一些基督徒不真认识基督，意思是：他们不真知道他（以弗所书1:17-23），不知道上帝活在耶稣里向他们显现、与他们相交、为他们成全。

这就是基督徒一切疲惫、软弱和迷茫的根源：他们不知道到哪里去支取新生命的力量，他们不确切明了力量的源泉——上帝究竟在哪里？纷纷纭纭的基督教产物令他们眼花缭乱了！

我再说一遍，当基督徒将目光专注于宗派、宗教、知识等等，而不专注于耶稣基督，那么这些原本来自耶稣的好东西，就很容易喧宾夺主；它们本应促进信徒与耶稣之间个人的、直接的、生命的关系，反倒成了阻碍。

基督徒若不与基督紧密相连，还有什么力量呢？

耶稣说：离了我，你们就不能做什么。（约翰福音 15:5）

四十二、

说来令人震惊：我们身为基督徒，却不一定晓得道成肉身是什么意思。有人会说，道成肉身不就是上帝在耶稣里来拯救世人吗？谁不晓得呢？

可是你知道上帝成为一个人的生命入世救人，这意味着什么吗？这意味着上帝没有"道成神学、道成教义、道成律法、道成仪式、道成组织"，不是用这些东西来显明自己，也不是用这些东西来拯救世人。"道成了肉身，住在我们中间"——上帝成了一个人的生命。人们藉以看见上帝的，是这个生命。罪人藉以得救的，是这个生命。信徒藉以得力的，是这个生命。教会藉以复兴的，是这个生命。瞎子藉以看见的，是这个生命。死人藉以复活的，是这个生命！

请记住，请警醒，请转告：在人间，上帝是一个人的生命——耶稣基督！

四十三、

基督容易被基督教架空了。

长老会、浸信会、圣公会、宣道会、信义会，福音派、基要派、灵恩派，你是否以为神一定是住在这些教派里？或者，你认为神只住在其中某一教派里？或者起码，你认为神住在某一教派里会比住在另一教派里更惬意些？

基督和基督教不可分割，实际上也有区别：基督是神，基督教是人的组织。基督是一个生命，基督教是一套体系。基督只有一位，基督教分很多派。基督从亘古就有，基督教只有两千年历史。基督昨日今日直到永远不改变，基督教有一个发生、发展和改革的过程。基督无罪，基督教里有罪。基督是合一的，基督教不合一。

不错，基督教是基督的身体，然而很不幸，这身体常常丧失灵魂；基督教是基督的家，这家却常常被盗贼闯入。中世纪的欧洲人以为神就住在罗马教廷，罗马教廷的腐败一暴露，有些人就以为神死了。如今，谁若以为一踏进基督教就能遇见神，他难免失望而归，因为他遇到的极可能不是神，而是一群在软弱和迷茫中寻求神的罪人。

停留于基督教却未能进深至耶稣基督面前的人，是找不到神的。因为神是在基督里而不是在基督教里与人相遇。

我知道一些朋友，他们对基督教有精深的研究，却不认识耶稣基督。

我知道一些信徒，他们例行公事一般每周出入教堂，私底下却并不常常亲近耶稣。

我知道一些同工，他们对教会事务和教义纷争大发热心，对耶稣本身并无多少热情。

耶稣说，我就是道路、真理、生命，若不藉着我，没有人能到神那里去。（约翰福音14:6）

四十四、
基督容易被教义取代了。
基督徒参加教会生活越久，愈容易陷于"关于神"的一套教义，越容易忽略"神"本身。

比方说，保罗和马丁路德面对"律法和善行可以叫人得救"的强势说法，提出"只有信耶稣才能得救、只要信耶稣就能得救"。这一信念几经论战，被确立为"因信称义"的根本教义。然而，这一教义之所以根本，就在于它要基督徒不见一人，只见耶稣（马太福音17:8）。假若有人以为，只要明白这一因信称义的教义就可以称义了，那么他信的就是因信称义的教义，而不是使他称义的耶稣。

一切教义的灌输都有这种危险：导致违背教义本身的初衷和内涵。越是专注于教义的辩护而不再专注于耶稣，越是视教义为至宝而不再视耶稣为至宝，这种危险就越大。

教义是走近耶稣的踏板，但滞步在踏板上就大错了！教义是迈向至高者的台阶，但坐在台阶上就大错了！

恰恰是教义告诉我们：神不在教义里，神在耶稣里。那些停留于教义的人，怎能得到神丰满的恩典和真理呢？

我绝无贬低教义之意，恰恰相反，是把教义的本质——通向神——澄清，以维护教义的神圣。我坚持教义必须归向基督，在基督身上完成自己，以维护教义的权能。我指出基督教教义不能取代基督，使教义建立在磐石上，以维护教义的合法性。

圣经说，律法是摩西传的，恩典和真理都是从耶稣基督来的。（约翰福音1:17）

四十五、

基督容易被神学淡化了。

基督教神学分门别类，如圣经神学、基要神学、福音神学、社会神学、处境神学、自由神学、解放神学、文化神学、生态神学、新正统神学、时代主义神学、存在主义神学、教父神学、灵修神学、实践神学、系统神学等等。

在全面阐述基督信仰的系统神学中，有启示论、上帝论、创造论、人论、基督论、救赎论、圣灵论、教会论、末世论等等。

在基督教神学的架构内，基督论仅占有一席之地。

这种神学架构本身，很难满足大多数信徒以基督为中心的信仰诉求。

当然，神学既是一门学问，见仁见智就在所难免。问题是，要提防不要将神学等同于神，视神学为信仰根基和标准。基督才是信仰根基。圣经才是信仰的标准。

决定信徒灵命的不是神学。信徒的灵命和神学的好坏，都在于与耶稣的关系。耶稣才是真信仰和好神学的根基。

耶稣说：只有一位是你们的师尊，就是我。凡父所赐给我的人，必到我这里来。（马太福音23:10;约翰福音6:37）

圣经说：那已经立好的根基，就是耶稣基督，此外没有人能立别的根基。（哥林多前书3:11）

我很尊重神学。好神学不是让人认识它自己，乃是让人认识耶稣。

神学不能否认自己面临问题和危机。神学要想不被边缘化，就要彻底降服在基督面前，以认知、吃喝、消化、跟随这个道成肉身的生命为中心。否则，神学之于信仰，必如哲学之于人生——虽然每个人生自有其哲学，哲学却只能是极少数人自命不凡的嗜好。

基督颂之六： 圣经的精义

四十六、

基督也容易被圣经阻隔了。

基督有可能被圣经阻隔吗？有可能！

不按圣经的宗旨读圣经，就会被圣经绊倒；正如不按耶稣的真相看耶稣，就会因耶稣跌倒一样（马太福音11:6）。

圣经本是来自耶稣、见证耶稣的，然而，由于原原本本读圣经的人越来越少，各式各样的研经解经越来越多，圣经被严重知识化、道德化、相对化、他人化。

这都不是按照圣经的宗旨来对待圣经。

圣经的宗旨是要我们从中读出又真又活的耶稣来，好从他得生命。

耶稣说，你们查考圣经，以为里面有永生，给我作见证的就是这经；然而你们不肯到我这里来得生命。（约翰福音5:39）

一方面，圣经与耶稣密不可分，所以要好好读经才能认识耶稣。另一方面，圣经与耶稣并不等同，圣经本身不是目标，目标是将人引向耶稣。所以若以圣经为至高，取代耶稣，以读经为终结，止于字句，人就不能得生命。

圣经自己说，它的字句叫人死，它的精意（即圣灵——主就是这灵）才叫人活。（哥林多后书3:6, 17）

圣经与耶稣的关系不清楚，深刻影响着基督徒的读经效果和生命建造。这一问题流弊已广，沉疴已深，故需多说几句。

四十七、

长久以来，不少信徒将圣经奉为至高，殊不知只有它的作者，它所见证的他——请注意它和他的区别——那向人说话又道成肉身的耶稣，才是至高。

当年宗教改革，在教皇垄断圣经、一手遮天的情况下，号召信徒回到圣经，是非常必要的。如今，随处可见圣经被滥解、被肢解、被曲解，各教派互打圣经字句仗，在这种情况下，圣灵发出呼声：必须回到耶稣！

不错，任何人要认识耶稣就必须查考圣经，神的话是认识神的唯一凭据。惟其如此，那些停留于圣经本身，满足于圣经知识的人，就不能认识神了。这样的人，只得知识不得生命，只能明白不能实行，只易自大不易自卑，只会论断不会饶恕，只生纷争不生和睦，只有心志没有力量——因为他得到的是僵死的金科玉律，不是又真又活的耶稣。

四十八、

真理是简单的：圣经既是上帝的默示，就不能代替默示它的上帝。

约翰卫斯理曾经恍然大悟一般发现这个简单的真理：上帝（圣灵）是圣经的作者，圣经是他的作品！

圣经之所以独一宝贵，是因为它通向他，不是它取代他。

圣经不是上帝。它不能和三位一体的上帝并列。不错，太初之话（道）是上帝，圣经之话却有别于太初之话，它是特别启示人类的，故而受限于人类字句。所以人若不能读出圣经字句背后的上帝，就会死在圣经字句里。

圣经也不是上帝的遗嘱。上帝还活着。上帝藉着圣灵亲自向人解经，将人引向圣子。

我这样说，不是叫人轻视圣经——我知道圣经都是神所默示的（提摩太后书3:16），原文完全无误；我每日读经嚼经，爱不释手——我是说一个蒙神眷顾的人，一定会从神对他所说的话，走向正在对他说话的神。

这也不是从唯独圣经的立场后退一步，乃是更进一步：唯独耶稣！

因为正是圣经以其不容置疑的权威性告诉我们：唯独耶稣才是纯正、牢固、唯一的信仰根基。恩典、真理、信心和荣耀，都是从他来的。圣经以及好的神学、教义和教会，都是见证他、属于他的。

圣经说：磐石就是基督。根基唯有耶稣，此外别无根基。只见耶稣，不见一人。除他以外，别无拯救。你们要听他！他是唯一的门。（使徒行传4:12;哥林多前书10:4;3:11;马太福音17:5-8;约翰福音10:7-9）

四十九、

我理解一些人的苦心：坚守圣经至上，是为了辨别和抵制异端。

其实辨别异端的试金石是耶稣，抵制异端的盾牌也是耶稣。君不见在今天，凡是打着基督教名号的异端，哪一个不是用圣经的话来迷惑其信徒，来混战于真道呢？君不见，基督教内不同教派、不同教义、不同神学之间的论断纷争，不也都是引经据典、寻章摘句吗？如今圣经彷佛成了一堆积木，任由人们拆来装去。这真是应了圣经的严厉警告：我的字句叫你们死！

跨一千多年时间，经四十多位作者，集六十六篇文献，形成了圣经庞大的文字系统。虽然神的灵使之一气呵成，其精意天衣无缝，但是千万别忘了，阅读它的人，却是有罪有限有死的人，即使不是故意，谁胆敢说自己的理解是完美无缺、完全正确？当然，智慧人却步之处，愚昧者却蜂拥而至，确实有人胆敢如此说！

我们知道只有一种理解是完美的，就是承认自己的理解不完美，且承认停留于圣经的字句永远也不可能完美，而愿意谦卑投身到唯一完美的耶稣这个生命里来，藉着他赐下的圣灵进入一切的真理（约翰福音16:13），宛如一叶小帆船乘风驶入浩瀚无垠的大海。

基督颂之七： 耶稣是一切

五十、

什么是真理？真理就是神的道，就是神的灵，就是耶稣（约翰福音16:13;17:17;14:6）。

耶稣是真理。凡不是建立在这个真理上的，就是异端。凡是建立在这个真理上的，就不是异端。

比如，耶稣是不是道成肉身的上帝？

圣经说，凡认耶稣基督是成了肉身来的灵，就是出于神的灵。凡不认耶稣的灵，就不是出于神的灵（约翰一书4:1-3）。人若说耶稣不是完全的神，像耶和华见证人，就是异端。人若说耶稣不是真实的人，像早期教会幻影说，就是异端。人若认耶稣是道成肉身的神，就不是异端。

又比如，是不是独一尊奉耶稣的名？

约翰对耶稣说，夫子，我们看见一个人奉你的名赶鬼，我们就禁止他，因为他不跟从我们。耶稣说，不要禁止他，因为没有人奉我的名行异能，反倒轻易毁谤我。不敌挡你们的，就是帮助你们的（马可福音9:38-40;路加福音9:50）。门徒以为不跟从他们就是异端，耶稣却说只要奉我的名就好，跟不跟从你们不要紧，只要不敌挡你们就好了。可见只有耶稣才是界定异端的准绳。

再比如，是不是以耶稣为中心、与耶稣相合一？

不与我相合的，就是敌我的；不同我收聚的，就是分散的（马太福音12:30）。

古今基督教异端，都是对待耶稣出问题。有的在耶稣之外加救恩，如摩门教、东方闪电；有的在耶稣之内减救恩，如耶和华见证人；有的否定他什么，有的加给他什么；有的虚化他，有的人化他；有的冒充他，有的利用他，如此等等。至于其它曾经一时纷纷嚷嚷的所谓异端现象，如不守安息日、吃禁物、婴孩洗礼、女人讲道、女人不蒙头、不听教皇、针砭时弊、自行读经、独立敬拜、隐秘灵修等等，历史证明，上帝均不视为异端。同样，如今一些人持守不渝的辨别异端的标准，如说不说方言、倒不倒地、跳不跳舞、医不医病、赶不赶鬼、哭不哭罪、承不承认加尔文五点、是不是灵意解经等等，除了表明罪人的心是多么狭隘而骄傲却不自知以外，并没有什么辨别异端的价值。

真理的根基只是耶稣。第一，耶稣是不是完全的神？第二，耶稣是不是完全的人？第三，耶稣是不是独一的神人之间的中保？一句话，神是不是只在、全在、活在耶稣里叫人看见、与人相交、为人成全？这才是辨别异端与否的关键点。

如果说否认这一点是异端，那么模糊这一点是什么呢？起码叫糊涂！现今一些教会、教义、神学、解经，常常模糊这一点啊！糊涂者怎么去辨别异端呢？难怪只会彼此论断、相煎甚急；难怪当门徒自告奋勇去拔稗子，耶稣阻止他们。（马太福音13:24-30）

五十一、

耶稣是生命。

当耶稣说，我就是生命（约翰福音14:6），那么生命就不是任何别的东西。

当圣经说，生命在他里头（约翰福音1:4），那么生命就不在任何别的地方。

当耶稣说，复活在于我，生命也在于我（约翰福音11:25），那么生命就不在于任何别的什么。

当耶稣说，然而你们不肯到我这里来得生命（约翰福音5:40），那么我们就都错了，哪怕我们可以背诵整本圣经，参与一切教会活动，掌握系统神学，精通历代教义。

为什么面对基督徒的疲软生命，教会牧者用尽办法培灵培训、编纂教材，多少年下来，情形并无改变？

症结就是没有到耶稣这里来。培训也好，查经也好，讲道也好，多是围绕圣经知识、神学教义、教会建造和信徒生活等等，少是掰开耶稣吃喝他那有血有肉的宝贵生命。个人灵修也一样，原本就少——我曾在一些海外教会邀请每天半小时灵修的人举手，寥寥无几，几乎全是牧师、长老、传道人——即便灵修，也多是悟性的读经反省，少有灵里面吃喝耶稣。

耶稣说，我实实在在告诉你们，你们若不吃我的肉，不喝我的血，就没有生命在你们里面。（约翰福音6:53）

耶稣又说，我的肉真是可吃的，我的血真是可喝的。吃我肉喝我血的人，常在我里面，我也常在他里面。永活的父怎样差我来，我又因父活着，照样，吃我肉的人也要因我活着。（约翰福音6:55-57）

耶稣显然早已知道后人会将他偶像化和教义化，抽象肯定他，具体忽略他，于是预先警示人们：我不是一个供奉的偶像，不是几条枯燥的教义，我是一个从天而降、与你们同在、让你们吃喝、给你们生命、有血有肉的活人活神！

什么是耶稣的血肉？就是他的话语，他的为人，他的处事，他的性情，他的心肠，他作为人活出来的一点一滴。我怎能为你剖开这个浑然一体的完美生命呢？如果你不亲自到圣经和圣灵里去体会他，谁能将他的生命完整阐释给你呢？如果你不亲自到这座宝山上登攀、采摘、挖掘，谁能将这座山尽数交到你手里呢？

唯有当你直接与耶稣接通，让他进，你出；让他多，你少；让他大，你小；让他兴，你衰；让他活，你死，然后你就活了。

五十二、

耶稣是教会的磐石。

当彼得认出耶稣是永生上帝的儿子，耶稣说，你是彼得，我要把我的教会建造在这磐石上。（马太福音16:16-18）

教会是耶稣用自己的血买来的。耶稣是教会的头，教会是他的身体。（使徒行传20:28;以弗所书1:23;5:23）

感谢神，让我跑遍世界各地教会，看到教会的兴旺与否，并不取决于宗派传统与形式，乃是取决于教会与基督耶稣的关系。阻碍这一关系的因素很多，不管什么，只要横在信徒与基督之间，使二者不能直接连接，都成为阻碍。

当然，没有一家教会承认自己不以基督为磐石，然而不少教会与耶稣只有一种抽象关系：救主、君王、祭司、为我死。耶稣被高举到天上，架空于云霄。在由圣经知识、神学教义、崇拜仪式、教会活动构成的信仰大地上，耶稣是一座威严而显赫的赎罪纪念碑，一尊伟大的救赎雕像，一个稳坐宝座的君王，一位怎么歌颂赞美也不过份的上帝——由干巴巴几条教义支搭起来的抽象上帝——无论如何，他不再是一个有血有肉、活灵活现的人，不再是那个流着泪、流着血、怀着挚爱呼喊你名字的人，他也不可能成为一个与你每日同行、朝夕相处的以马内利，不可能成为一个与你休戚与共、相濡以沫的知心朋友。

耶稣是完全的神，也是完全的人。教会若只把他当作神来敬拜，不把他当作人来接纳和亲近，这就离开真实的耶稣了。在一个教会或一个信徒眼中，如果耶稣只有神性，没有人性；只有抽象性，没有具体性；只有知识性，没有生命性；只有永恒性，没有此时性；只有至高性，没有卑微性；只有普遍性，没有个人性，那么，这就是离开真实的耶稣了。

我知道人不可能完全像他，然而你只要一心效法他就好了，甚至你只要心中想着他、念着他、以他为友就好了。魔鬼的伎俩就是：你追求神学知识可以，追求圣经字句可以，追求恩典福份可以，追求教会事奉可以，追求诸般恩赐都可以，只要你不追求耶稣它就哈哈大笑！

五十三、

耶稣是福音。

福音是什么？传福音传什么？不就是神的儿子吗？

保罗说，从前我到你们那里去，并没有用高言大智对你们宣传神的奥秘。因为我曾定了主意，在你们中间不知道别的，只知道耶稣基督并他钉十字架。（哥林多前书2:1-2）

传福音不是传神学，不是传教义，更不是传一宗一派一己之见。

传福音也不是传神迹，不是传智慧：犹太人是要神迹，希腊人是求智慧，我们却是传钉十字架的基督，在犹太人为绊脚石，在外邦人为愚拙。（哥林多前书1:22-23）

一九九一年，当耶稣得着我这个骄傲人的时候，我就知道他也必得着一切勇敢面对他的人；当耶稣赐福我这个落魄人的时候，我就知道他也必赐福一切到他这里来的人。

感谢神，十几年来我四处传福音，领人信耶稣，靠的是什么？就是靠耶稣。我在耶稣之外寻觅了三十多年，深知人的道德、智慧和生命的无奈。到耶稣这里来，我才知道耶稣之外无救恩，耶稣救恩无之外。

福音本是神的大能，要救一切相信的人。（罗马书1:16）

神的大能就是耶稣。人有罪，耶稣有赦罪的恩典。人有限，耶稣有无限的真理。人有死，耶稣有永恒的生命。耶稣是特意为人而生，为人而活，为人而死，为人而复活。

正像福音不是别的什么，传福音也不需要别的什么，只要有耶稣就够了。我这样说，也许一些人不以为然。然而这是事实。在拍摄《十字架》的时候，我亲眼看到一些没有学问的乡野小民传福音大有胆量和能力，就知道他们是真正跟过耶稣的（使徒行传4:13）。保罗虽然大有学问，也是只传耶稣而已。如此看来，传福音唯一要下的苦功夫，就是吃透耶稣、经历耶稣、活在耶稣里。这个功夫不到家，就会觉得缺这少那，东抓西凑，却是效果不彰。

传福音的人自己先要全身心到耶稣这里来。同样，讲神学的人也要全身心到耶稣这里来。牧养教会的人也要全身心到耶稣这里来。读圣经、解圣经的人也要全身心到耶稣这里来。

耶稣说，凡父所赐给我的人，必到我这里来。到我这里来的，我总不丢弃他。（约翰福音6:37）

五十四、

圣经说，上帝爱世人，甚至将他的独生子赐给他们，叫一切信他的不致灭亡，反得永生。（约翰福音3:16）

耶稣说，我来了，是要叫人得生命，并且得的更丰盛。（约翰福音10:10）

基督信仰是一种生命信仰——信仰者进入一个崭新的、丰盛的、永恒的生命。这个生命就是耶稣。

严格说来，基督信仰不属于广义的宗教，它不是建立在一套神学、一套教义、一套律法、一套仪式、一套组织等等之上，乃是建立在一个生命之上。它不是人找神，乃是神找人。它不是借助于人的智慧、系统、德行等等，乃是直接将一个生命，一个从摇篮到墓地、从马槽到十字架的真实生命，一个从天上到地上、又从地上到天上的真实生命，赐予人。

基督信仰建基于一个生命——耶稣。

因为上帝在人间是一个生命——耶稣。

因为上帝给我们的是生命——耶稣。

主里爱最大

引子

　　两千年来，基督教会内部的宗派和神学纷争时重时轻，但从来没有停息过。虽然被历史裁定公认为异端的，寥寥可数；但教会或个人彼此相互认定为异端的，数不胜数。宗教改革前以异端罪名被处死的信徒，大多不是异端，而处死他们的自以为真理在握、替天行道的人，反倒是异端。宗教改革后这种现象不再，却产生了更广泛的彼此论断，人人心中揣着一个小教皇（根源在蛇诱骗始祖吃那颗可以叫人"像神一样分善恶"的知识果），只是谁也处死不了谁，于是口水仗比比皆是，削弱了国度力。中国教会历史不长，西方教会史中的纠结和死结，也渐渐传过来。不同山头、圈子、偏好、经历的信徒，开始彼此疏离、争辩、论断（这里是指主内肢体而非异端邪教）。福音在发展，问题也在发展。盼望不同取向的弟兄姐妹们，都一起回归主耶稣这独一的头、独一的主，切切领会主的心意（什么是信仰根基），不把蠓虫当大象看重，也不把大象当蠓虫忽略掉。说实话，提出这个问题，主要不是为了基督国度的合一，乃是为了信徒生命的成长，因为看到弟兄姐妹在纷争中，已令自己的生命受损、恩典缺失。

一、神就是爱

自从神爱世人将独生子赐给他们，历史就进入了恩典时代。所以在新约《圣经》里，没有哪一个原则，比"爱"这一原则，被强调得更多、更高。

有两点要强调：第一，这个爱不是人的爱，而是神的爱，是主耶稣十字架上那舍己、无条件、永不变的爱。第二，这个恩典之爱，主内才有，只在基督里，在基督徒间。

耶稣说门徒的标志，就是彼此相爱的心。（约翰福音13:34-35）

耶稣说律法和先知的总纲就是爱：爱神爱人。（马太福音22:37-40）

约翰一书甚至说，没有爱心的，就不认识神。因为神就是爱。（约翰一书4:7-8）

保罗说，如今长存的有信、有望、有爱，其中最大的是爱。他说，我若能说万人的方言，天使的话语，却没有爱，我就成了空鸣之锣、空响之钹。他又说，我若有先知讲道之能，也明白各样的奥秘，各样的知识，且有全备的信心，叫我能够移山，却没有爱，我就算不得什么。（哥林多前书13:1-3）

可见这个爱不仅是基督徒个人生命的最高原则，也是彼此关系的最高原则。

二、爱就是舍己纳人

爱是主里的最高原则，这意味着什么呢？

这意味着为了什么而失去爱、损害爱，都是错误的。

那么我们常常为了什么而失去爱、损害爱呢？

通常是为了一些很低的原则，比如：

社会利益不同，起纠纷，不相让。

宗派圈子不同，起隔膜，不包容。

神学理解不同，起争论，不同意。

性格取向不同，起摩擦，不欣赏。

属灵经验不同，起分歧，不接纳。

由于以上种种不同，在人间是永远无法消除的，所以爱是最高原则，就意味着必须牺牲自己的不同，接纳别人的不同。

也就是说，在基督里（在基督里就是在真理的本体里），只有一味忍让一味宽恕，才能爱；只有舍己、否定自己（self-deny），才能爱。

所以《圣经》说"爱是恒久忍耐"——若彼此完全同心同意还需忍耐吗？若彼此气味相投还需忍耐吗？若一讨论就一致了还需恒久去忍耐吗？

三、爱在基督里

请注意，标题"主里爱最大"表明本文讲的爱，都是在基督里，是主的肢体里面的爱。

很显然，在基督里，十字架的爱已经解决了人的罪，成全了神的义，包含了真理，所以爱最大。

什么是在主基督里？简单说，就是已经因信称义了的弟兄姐妹，就是教会。神已经称义了的，就不是异端了，剩下来的纷争常常是因为：第一，神学理念不同，第二，属灵经历不同，第三，敬拜方式不同，第四，宗派传统不同，第五，侍奉导向不同，第六，圣经偏重不同，等等。

这没什么好争的呢？大家持守三句话就好了：扎根耶稣、求同存异、取长补短。

四、爱从基督来

真爱是从真神来的。只有"真知道他"的人，才真知道这个真爱。

耶稣在十字架上，他没有为自己辩解，没有为冤屈申诉，没有施展能力抗争，却去爱那些无理无端无缘无故杀害他的人，说：父啊，赦免他们，因为他们所做的，他们不晓得！

为了爱，为了最高，主牺牲了一切，包括他的清白无辜、绝对正确、无敌大能，都放在一边，只留下爱在十字架上。

然而这个爱，不就包含了他暂时放下的一切吗？至高的爱，不是一直俯视着它下面的一切吗？

若为了讨个清白，若为了坚守正确，若为了显明大能——虽然在人看来这是理所当然要做的——而失去爱，天父啊，哪里还有耶稣基督并他钉十字架啊！

五、爱与公义

有人会说，你光讲爱，神的公义在哪里？人的罪怎么办？异端和偏差怎么办？该不该为真道争辩？

先说神的公义。罪人都面临公义的审判。神永远不失全然公义的一面。那不在基督里的，决不能逃脱神的公义。然而，在基督降世之前、在基督之外、在基督之内，是不一样的。旧约时代，神的律法和公义非常刺眼。新约时代，当神将自己的儿子送上十字架，不是已经藉着他全然满足了神的律法、成全了神的公义吗？基督既为我们成了咒诅，就赎出我们脱离律法的咒诅（加拉太书3:13）。所以凡在基督之内的，弟兄姐妹之间，就只剩下恩典之爱了。

再说罪。耶稣来了，就是来解决人的罪和死。怎么个救法呢？岂不是用十字架的大爱来赦免、代赎、战胜人的罪吗？

亲爱的弟兄啊，凡在基督里的人，既然不是受审判，而是得救赎，那么，我们就不应是彼此论断对方的罪，就不应再向弟兄高举律法，而应当自己佩挂恩典，这恩典是从十字架上为我们捨命的主那里来的，这恩典足以对付、也已经对付了我们的罪。有了这恩典，才有"只要信就必称义"这一保罗及路德、加尔文竭力坚守的正道。

难道耶稣用十字架牺牲的大爱一次对付了的罪，我们还要用律法来论断、来审判吗？被神免了一千万两债银的，为什么不能免弟兄十两呢？凡在耶稣基督里的，既然神不再定我们的罪，我们也就只剩下彼此接纳、彼此相爱了啊！

新约与旧约相连而有别，不能分离也不能混淆。凡新约时代在耶稣基督里的，就是在恩典里，不在律法里。这正是使徒保罗竭力争辩的（罗马书8:31-39;启示录12:10-11）。

神既不爱惜自己的儿子为我们众人舍了，岂不也把万物和他一同白白的赐给我们么？

谁能控告神所拣选的人呢？有神称他们为义了。

谁能定他们的罪呢。有基督耶稣已经死了，而且从死里复活，现今在神的右边，也替我们祈求。

谁能使我们与基督的爱隔绝呢？难道是患难么？是困苦么？是逼迫么？是饥饿么？是赤身露体么？是危险么？是刀剑么？如经上所记："我们为你的缘故终日被杀；人看我们如将宰的羊。"然而靠着爱我们的主，在这一切的事上，已经得胜有余了。

因为我深信无论是死，是生，是天使，是掌权的，是有能的，是现在的事，是将来的事，是高处的，是低处的，是别的受造之物，都不能叫我们与神的爱隔绝；这爱是在我们的主基督耶稣里的。

有人会说，在基督里，弟兄姐妹犯了罪怎么办？耶稣说的很明确，要趁着只有他和你在一处的时候，指出来，他若听了，你就得了你的弟兄（即便他再犯只要认错你总要饶恕他70个7次）。他若不听，你就另外带一两个人同去，句句定准（若听了就如上一样接纳他）。他若还是不听（这已是第三步），就告诉教会（若听了就如上一样接纳他）。他若还还是不听，就看他像外邦人和税吏一样（大家都清楚耶稣是怎样对待外邦人和税吏比如马太的——只要悔改依然得救甚至比法利赛人先进神的国）。耶稣一步步如此细腻地指示门徒如何去帮助弟兄，就是生怕我们失去爱心，像法利赛人一样无情论断（马太福音18:15-17）。

如何对待"同在基督里"的这一派那一派呢？当约翰说，夫子，我们看见有人奉你的名赶鬼，却不跟从我们，我们就禁止他，耶稣回答说，不要禁止他，因为没有人奉我的名行异能，反倒轻易诽谤我；不敌挡我们的，就是帮助我们的。耶稣又说，凡因你们是属我，给你们一杯水喝的，我实在告诉你们，他不能不得赏赐。（马可福音9:38-41）主的心何其宽广、何等睿智！

要以主而不是以我们为划线的标准。若以我们（我们各自的圈子、理解、经历、传统、对真理的把握）为中心划线，就一定会纷争、会指责、会论断，以致于失去大爱，荒废大使命。

一个成熟的基督徒，一个属灵人，是自己背负十字架，而不是向别人分发十字架，也不是监督别人背十字架。

六、爱与合一

什么叫合一？许多人心目中的合一，就是众教会整齐划一，换句话说，就是期望别人和自己一样。这是不可能的。人与人，教会与教会，教派与教派，永远没办法一样的，这是历史，也是现实。关键是每个人按照主的托付去做，像枝子朝着自己的方向去长，去结果子，这在主的眼里，就是合一了。千万不要自己不做事，专以指责别人为己事。这是主不喜悦的。不管我指责别人时多么义正词严，只要自己不结果子，主就会把我砍下来烧掉的。

我讲"主里爱最大"这个话题，首要关注点不是教会的合一，而是信徒的生命。要说合一，我要讲信徒与耶稣的合一，就是归一于基督，令信徒生命得造就。因为将来主认不认我们，是看我们生命有没有他的印记；而我们生命的样式，完全取决于我们是否归一于耶稣基督他自己了。只有当枝子连接到葡萄树上的时候，只有基督徒归一于基督的时候，才有生命。枝子和枝子之间，若不是在葡萄树上合一，是谈不上合一的。信徒和信徒，若不藉着耶稣，是无法连接的。有的朝东长，有的朝西长，有的朝上长，有的朝下长，表面看起来很不一致。但是只要大家都连着耶稣这个树根，我们就彼此连接为一体了。所以千万要明白，我们是藉着耶稣、也唯有藉着耶稣，才得以彼此连接的，我们自己凭着自己的信仰知识和经验，永远没办法彼此相连，甚至我们各自发展的方向，看起来是相反的，哪里知道，正是主差派我们出去，做不同方面的工作呢！哈利路亚！每一个信徒都直接面对主，也透过主看到别人的价值，彼此珍惜，彼此激励，何等的善何等的美啊！只要不离开主，都是弟兄姐妹；如果有人离开主，我们要劝他；如果有人不听劝，就把他交给主，由主来对付，因为那不接在树上的枝子，主必会、也只有主才有权柄把他砍下来，扔到火里去。

　　奥古斯丁、阿奎那、加尔文，这些神学家不完全一样。还有不一样的，德雷莎修女、办孤儿院的慕勒等人，是舍己爱人的社会行动家。沙漠教父、圣法兰西斯是为主甘守贫穷、刻苦己身的人。盖恩夫人、慕安德烈、写《遵主圣范》的圣多玛、操练与神同在的劳伦斯等人，他们渴慕主、亲近主的内在生命，激励许多人。约翰卫斯理、葛培理等布道家，一生宣讲简洁而直接的福音信息。利玛窦、马礼逊、戴德生，以及李文斯顿等人，则是将生命洒在未得之地的伟大宣教士。还有，宗教改革的马丁路德，抵抗希特勒的潘和华，文化宣教的C. S. 路易斯，不是一起从不同的方面活出主的荣耀、传播主的恩典吗？

　　可见，神学教义是一枝（上面又分一些小枝），舍己的爱是一枝，生命灵修是一枝，福音布道是一枝，异地差传是一枝，社会参与是一枝，文化宣教是一枝，还可以有许多枝（都是主按照信徒不同的恩赐、在母胎里就一个个预先拣选、后来一类类组合差派的），只要都是从主耶稣这棵真葡萄树上长出来的，就可以四面八方结出一串串葡萄，一起酿成新酒，献给我们在天上的阿爸父！

谁更需要认罪悔改

——论信主、认罪与得救的关系

没有一个名副其实的基督徒，会否认自己是罪人而不愿认罪悔改。没有一个名副其实的传道人，会不承认传讲认罪悔改之道的重要性。没有一个名副其实的教会，会不教导信徒要认罪悔改活出新生的样式。只是有一个问题：认罪悔改在基督救恩中处于什么位置？认罪悔改是得救的前提还是得救的结果？罪人向谁认罪悔改？罪人在什么情况下才会认罪悔改？如此等等。

我特别提出这一问题，是因为不少基督徒和传道人以为认罪悔改的道，是专门讲给外邦人听的，是用来向未信者传福音的，而不是用来对付自己的。

此一问题涉及到信主、悔改与得救三者之间的关系。

一、不认信耶稣向谁认罪悔改？

耶稣传道说：日期满了，神的国近了，你们当悔改，信福音（马可福音1:15）！这个认罪悔改的呼召，是呼召人到他这里来，向他认罪悔改，而不是随便向谁（比如施洗的约翰）认罪悔改。

认信耶稣和认罪悔改，二者不可分割。但不容置疑，在基督信仰中，认信耶稣在先，认罪悔改在后。一个真正认信耶稣的人，一定会认罪悔改；而一个愿意认罪悔改的人，不一定认信耶稣，比如一些宗教也有认罪悔改的教义和仪式，却不认信耶稣。

一个不认识、不相信耶稣的人，怎么会真正认罪悔改呢？向谁认罪悔改呢？凭什么力量认罪悔改呢？而一个真正认信耶稣的人，怎么会不向救主认罪悔改呢？所以，基督教的基本教义，是靠神的恩典得救，不是靠自己的行为得救；是因信称义，而不是因悔称义。

如果你面前是一个未信者，你的责任就是：把耶稣举起来，让他看见、认识、相信；他认信了耶稣，自然会认罪悔改。你的责任不是：指责他的罪，一味叫他认罪悔改。不！真正有能力、有资格让人认罪的，不是你，而是耶稣！不是你的指责，而是耶稣之爱、之光、之灵的照射！因为神就是爱、就是光、就是灵（约翰一书4:8;1:5;约翰福音4:24）。

如果你自己是一个已经认信耶稣的基督徒，你一生的责任就是：认罪悔改！

今天我们看到的情况恰恰相反：不少基督徒自以为义，自己不好好认罪悔改，却津津乐道地指责世人的罪，轻蔑未信者。

二、不认识上帝岂能认识自己？

认信耶稣，就是认识上帝。认罪悔改，就是认识自己。

加尔文在《基督教要义》一开始就提出认识上帝和认识

自己两件事的相关性和先后性。关于相关性，他说：不认识上帝就不可能正确认识自己；不正确认识自己也难以认识上帝。但是最后，他以两者的先后性作为总结：

　　认识上帝与认识自己虽然如此密切地互相关连，但教导的正当次序必须先是对上帝的认识，然后是对自己的认识。圣经描写圣徒每逢发现上帝临在，都是如何地恐惧战兢，面对上帝的荣光非常惊骇，几乎气绝。我们不能不说，人未经与神的尊严比较，绝不能充分认识自己的卑贱。在《士师记》和先知书中常有这种惊恐的例子，所以在主的百姓当中流行这样一句话：我们必要死，因为看见了上帝（士师记13:22）。《约伯记》的主旨从描写神的纯洁、权能和智慧中，使人因自觉污秽、无能、愚蠢而谦虚。亚伯拉罕越接近主的荣光，越承认自己是"灰尘"（创世记18:27）；主的显现既如此可畏，以致于以利亚不蒙着脸，即不能面对着主（列王记上19:13）。若是天使尚且因恐惧而蒙脸，何况污秽败坏的人呢？所以先知以赛亚说：月亮要蒙羞，太阳要惭愧（以赛亚书6:2;24:23）。这即是说，当上帝显现出自己的荣光之时，其他一切，哪怕最光亮的东西（当然包括原本骄傲自义、自以为神的人），立即暗淡无光。

　　加尔文点到了要害：不认识神的人不可能认识自己。不认识耶稣的人不可能认罪悔改。这是基督信仰最核心的一点：人已经彻底败坏，失去了认识自己、认罪悔改的能力，只能因恩典而得救，因信神而称义。先认信耶稣，后认罪悔改；先踏上磐石，后拔出污泥；先看见光明，后脱离黑暗……而不是相反。

三、圣经记载：认主才能认罪

圣经记载无一例外，都是先认信耶稣，才认罪悔改。

彼得的见证（路加福音5：3-10）：彼得先前并不认信耶稣，还有些轻蔑。当他听完耶稣的道，亲眼看见耶稣所行的神迹——在他整夜辛劳打不着鱼的地方，耶稣让他一网打满两船鱼——顿时眼睛亮了，认出这是他的主！在荣耀、权能、威严的主面前，他立即发现自己的渺小、寡信、污秽，不能不俯伏下拜说：主啊，离开我，我是个罪人！这就是救恩临到一个人时的光景！耶稣不是指责彼得的罪，而是以神的荣耀光照他，叫他认罪、得救、蒙召。

撒该的见证（路加福音19：2-10）：矮子撒该，是替罗马统治者搜刮犹太人的税吏长，类似中国人的汉奸。他先前并不认信耶稣，爬上树想看看耶稣是什么人。当耶稣突然叫出他的名字，并且毫无轻蔑，反而充满慈爱地宣布去他家过夜时，他一下子认出了——原来是爱他的主！于是他激动伴随着羞愧，不能不认罪悔改，将他积蓄的一半分给穷人，四倍偿还被他讹诈的人。认信耶稣的罪人，自然会认罪悔改！

妓女的见证（路加福音7：37-50）：妓女不顾一切冲进一个体面人家，跪下，流泪亲吻耶稣的脚。耶稣说，你的信救了你，平平安安地回去吧！注意，耶稣没有说你的认罪救了你，也没有说你对我的爱救了你，而是说，你的信救了你。为什么？因为认罪、爱主诚然宝贵，但都是从信主而来。显然，这个女人相信耶稣是神的儿子，知道他对罪人有丰盛的怜悯和恩典，才来向耶稣认罪悔改。我想，她，每一个人，都不愿向人认罪，因为你一认罪，人就定你的罪。但神不是这样，神有赦罪的恩典和权柄，所以罪人愿意向神认罪。基督徒啊，你若不能把人带到耶稣面前来，你要他向谁认罪悔改呢？难道是让他向你、向基督徒认罪悔改吗？

淫妇的见证（约翰福音8:3-11）：学者和宗教领袖们带着一个行淫时被拿的妇人来难为耶稣，因为按照摩西的诫命应该用石头砸死她。结果，耶稣甚至没有让淫妇认罪，就赦免了她。为什么？因为她是幸运的，她遇见了主耶稣！难怪齐克果喊道：到耶稣这里来，这就是一切！耶稣说，到我这里来的，我总不丢弃他（约翰福音6:37）。罪人的盼望，不是自己的品行，不是自己的痛悔，也不是人的慈悲和同情，而是神的恩典和怜悯！主权在神，恩典也在神，神永远是主动。对罪人来说，只有一步最重要，只有一事最关键，就是到耶稣这里来，使自己落在神手里，而不是落在人手里！哈利路亚！

马太的见证（马太福音9:9）：税吏马太被耶稣呼召时，丢下收税台就跟随了耶稣，显然是因为圣灵使他认信了耶稣。当马太认信并跟随耶稣后，他就在神面前认罪悔改，成为新造的人。所以我再次说，认罪悔改的道，更应该讲给自称基督徒的人听，更应该作为培灵和造就的主题大大加强。对非基督徒，关键是举起耶稣，吸引他们到耶稣这里来，那么认罪悔改就水到渠成、顺理成章了！

太监埃提阿伯的见证（使徒行传8:27-39）：太监埃提阿伯在腓力辅导下明白了圣经，要求受洗。腓力只问了他一个问题：你若一心相信耶稣是神的儿子，就可以。太监确认后，腓力在一处水洼为他施洗。我想，太监的信主受洗，一定包含认罪悔改。但为什么圣经在这里（正如它一以贯之）强调因信称义、信而受洗？因为真实无伪的信，一定逻辑地包含着认罪悔改、重生得救。

保罗在监狱传福音的见证（使徒行传16:29-32）：狱卒战兢俯伏在保罗西拉面前，说，二位，我当怎样行才可以得救。他们说，当信主耶稣，你和你一家都必得救。我相信保罗传道，不会不讲认罪悔改，但用一句话来概括：当信主耶稣。很显然，圣经凡提到信耶稣，无不包含认罪悔改。倒是今日一些自称信耶稣的人，却不认罪悔改，因为他们原本就在信上出了故障，信的并非耶稣；他们查考圣经，却不到耶稣这里来得生命。（约翰福音5:39-40）

每一个得救的人，都是本乎恩，因着信，不是出于自己（以弗所书2:8-9）。因为人自己是没有能力认罪悔改的，只有主的恩典，圣灵的光照，才能叫人看清自己。所以认罪悔改不是信主的前提，倒是信主的结果。所以我再说，最需要认罪悔改的是基督徒，至于未信者，首先要让他们看见耶稣。

四、　因信称义博大精深

圣经说，神所应许的福分，归给一切信耶稣的人。但在这个因信得救的真理来到之前，我们是被圈在律法之下的。律法是训蒙的师傅，引我们到基督那里，使我们因信称义。（加拉太书3:22-25）

圣经又说：你若口里认耶稣为主，心里信神叫他从死里复活，就必得救。因为人心里相信，就可以称义；口里承认，就可以得救。（罗马书10:9-11）

难道保罗不晓得认罪悔改的重要吗？难道这些经文不包含认罪悔改的道理吗？不，断乎不是！凡是圣经讲得救和称义只讲认信耶稣而不提认罪悔改之处，均是因为神知道，天下没有真正认信耶稣而不认罪悔改、重生得救的道理！

信耶稣后，圣灵入心，人才有可能为罪、为义、为审判，自己责备自己（约翰福音16:8）。

一些基督徒以为，传福音可以不用高举耶稣的大爱大能来吸引人，只要叫人认罪悔改，让他们知道不悔改就不能得救，就可以了。这不是糊涂是什么？这分明是在用律法主义歪曲恩典的福音。不领人认信耶稣，却一味要他认罪悔改，不就等于不给他送来光明，却要他离开黑暗吗？这不是糊涂是什么？朋友，与其咒诅黑暗，不如点燃蜡烛，更何况晨星已经升起来了！

耶稣当年最厌恶的就是这类人：他们不认信耶稣，却自以为义，指责别人，叫人认罪，专门把难担的担子放在别人身上，自己一个手指头也不动，也不许别人把担子卸给主耶稣（路加福音11:46）。耶稣说，税吏和娼妓（因着信耶稣）倒要比法利赛人（不信耶稣）先进神的国。

一些离开救主耶稣谈论认罪悔改的人，大概不知道各种宗教，包括佛教、回教、印度教、犹太教，甚至儒家文化，没有不知道人是罪人的，没有不强调认罪悔改的，有些甚至比基督教强调得更甚。但基督信仰强调的是：只有信耶稣才能得救，因为人不仅是罪人，而且是无助的罪人，靠自己不能得救，靠认罪、靠立志、靠行为、靠修炼都无济于事。唯有道成肉身的耶稣，他的十字架，定了人的罪，赦了人的罪，也胜了人的罪；只要信靠他，人就可以脱离罪的咒诅，离开捆绑得自由，不再死于罪中。所以约翰福音3章16节说的是：叫一切"信"他的，不至灭亡反得永生！

五、传福音不传耶稣就是不务正业

我每年四处传福音，带领成千上万人信耶稣，没有一丝可夸口的。我只夸耶稣。是他吸引我信他，也是他引导人信他。每当我看到许多人涌到前台，有的热泪盈眶，就知道这是耶稣在场，圣灵动工。我不觉得我讲了什么感人的话，我只是将耶稣举起来——主耶稣，十字架上大爱的耶稣，死而复活、无穷大能的耶稣，他是何等爱我，爱我的一家，他是何等奇妙地拯救了我和我一家，我只是说出这些来。我也指出人的罪，更多是认我自己身上的罪，骄傲、败坏；认我家庭生活的罪，破碎、争吵。每一场讲道我只是真情地介绍耶稣，见证耶稣在我和我一家身上的救恩。

我越来越相信，传道人的职责只有一个，就是靠着圣灵、藉着圣经、带着生命的见证，将耶稣举起来，此外不需要做别的事情。因为福音本身就是神的大能，这个大能的福音就是神的儿子耶稣基督（马可福音1:1）。耶稣说，当我被举起来，就会吸引万民来归向我（约翰福音12:32）。这个"举起"一语双关，既是说他被钉十字架，也是说我们要高举耶稣基督并他钉十字架。

说实话，若不是耶稣那伟大的、美善的、完全的、神儿子的生命吸引我，我至今也不会因为研究教义而"入教"。所以每当朋友们决志信主涌到台前，我就知道他们是看见了耶稣，产生了信心，放下了骄傲，承认了罪孽！

既然我们这些已经得救的，是靠着耶稣得救，那么那些还未得救的，难道能靠着自己得救吗？能仅靠自己悔改和善行得救吗？

传福音的人若不传耶稣就是不务正业。讲再多道理，做再多指责，也没能力。

六、基督徒不认罪悔改就是自欺欺人

这不是说认罪悔改不重要。一方面，虽然传福音是把人带到耶稣面前来，但也要以罪说事，尤其以自己的罪说事，好让未信者心悦诚服，承认败坏，渴望救恩。另一方面，已经"因信称义"的基督徒，是否认罪悔改、活出新生，就是一个致命的问题。致命就在于：认罪悔改与否，此刻成了一个人是否真信耶稣、真正重生的试金石！

请看耶稣以下宣告：

你们所行的义若不胜过法利赛人的义，断不能进天国。（马太福音5:20）

若是你的右眼叫你跌倒，就剜出来丢掉；宁可失去百体中的一体，不叫全身丢在地狱里。（马太福音5:29）

十个童女都拿着灯迎接新郎，但是五个灯里没有油（没有在人前发光），就进不去那门。（马太福音25:1-12）

凡属于我却不结果子的枝子，我就要砍下来，放在火里烧掉。（约翰福音15:6）

称呼我主啊主啊的人不能都进天国，唯独遵行我天父旨意的人，才能进去。（马太福音7:21）

他要说："我告诉你们，我不晓得你们是哪里来的，你们一切作恶的人，离开我去吧！"（路加福音13:27）

……

请注意，喊主啊主啊的人，迎接新郎的童女，葡萄树上的枝子，你们，指的都是"基督徒"！

对一些自称基督徒、死命抓住"无论如何我已经因信称义了"这根稻草的人来说，讨论得救不得救的问题太敏感了，简直就是在动他们的命根子！

　　但必须承认，一个自以为蒙恩得救的人，却一直活不出蒙恩得救的样式，这，无论如何也是自欺欺人。

七、真信一定真悔改

　　看到教会里出现一些虽认信耶稣，却没有顺理成章地认罪悔改的人，就有人怀疑因信称义的真理。他们说，信，还要加上悔改的行为才能称义。不！不是这样。一些基督徒不能认罪悔改，有些是一个时间过程，有些则是在"信"上出了问题：

　　第一，要么是没有真信进去：他们动的不是心灵是头脑，用的不是诚实是聪明，死的不是自己是别人，得的不是生命是宗教。

　　第二，要么是信的不真：他们信的不是耶稣，而是教派、教义、神学、字句、律法、恩赐等等。

　　真的信、信的真的人，在耶稣面前，一定是谦卑的。各类人的情形和结局，只有神知道。求主怜悯，也要彼此警醒。

八、总结

　　鉴于人类活在罪恶过犯当中，也会死在罪恶过犯当中，所以在神的心意中，人的认罪悔改极为重要。

　　只是，谁有权柄和能力叫人认罪悔改？向谁认罪悔改？认罪悔改是人自己的作为吗？认罪悔改与认信耶稣孰先孰后？因信称义还是因悔改称义？谁最需要悔改？

第一，罪人没有能力认罪，除非遇见神的圣洁大光，认识主耶稣。

第二，罪人更没有能力悔改，除非因信而委身在耶稣基督里。

第三，罪人不会向罪人（包括基督徒和传道人）认罪，他只向他所认识的耶稣基督认罪。

第四，也没有人有权力要求别人认罪悔改，只有主耶稣有这个权力。

第五，也没有人能感动罪人认罪悔改，只有主耶稣十字架上舍己的大爱。

所以，真信耶稣就包含、导致、成全了一切：认罪、悔改、重生、得救、得力、得胜。

所以，传福音就是要把人带到耶稣面前，使他们认信耶稣，圣灵内主，罪自昭然。

所以，Jesus is all and in all!

上帝与民主：华盛顿早餐会断想

这篇断想是我刚信耶稣不久写的，带着强烈的昔日关怀。20年过去了，目标不再一样，从社会转向心灵，转向信仰。信仰的功用绝不仅仅在政治层面。不过今日重读此文，恰逢中国政治改革势在必行，感到仍有一些启迪意义。

一月底，我和内人出席了华盛顿的国家早餐祷告会 National Prayer Breakfast。白宫要员、国会议员、来自美国五十州和世界一百四十多个国家的三千多客人聚集一堂，敬拜上帝，祈祷和平。在此前后，中国大陆一行十二人，又有三天的读书、讨论、拜访等活动。

一、

早餐会的请柬上写着：

历史上，我们国家的领导人，一直面向全能的上帝，寻求力量和指引。

本着这种精神，合众国的参众两院创办了国家早餐祷告会，以不断重申和充实我们的国家及我们本人对上帝的信仰与献身。

一年一度，散居在美国和世界的男女们来到我们的首都，在上帝面前，确认他们享受的恩典和承担的责任。

为了在上帝的带领下，通过领导人的形象，加深人民的属灵生活和道德素质，五十个州的州长、市长和显要人物，在各州举办同样的早餐会。

来自全世界的人们，透过耶稣基督的圣灵，在这里寻到了友谊，这种友谊有助于增进各民族的真诚团结。

二、

早餐会上，给我印象最深的不是布什总统的讲话，倒是副总统奎尔的一段话，大意说：世界历史上的专制暴政，并非人类不幸、世界不宁的根本原因，专制暴政只是一种现象，它有人类属灵的根源，这就是：不承认人的有限性，不承认人人都有原罪。的确，哪里的人们把自己的命运和前途完全建立在对人、人的组织、人的思想的信赖之上，而没有超越的信仰作为文化与心理的基础，哪里就难免滋生专制暴政。

其实，这正是西方三权分立的民主制度最深刻的思想渊源。为什么不受制约的权力必然导致腐败？为什么绝对的权力会导致绝对的腐败？人为什么竟是这样的靠不住？不管思想家和政治家们意识到与否，上帝启示的原因——人的原罪和道德、智慧、生命之有限性靠人自己不能克服——早已淋漓尽致地展现在人类生活的各个层面和各个角落。孟德斯鸠从人类生活中抽象出来的政治原则，《圣经》早已给出了属灵的根。问题只是，世俗的人类很难严肃地从属灵的根去推导世俗的果，而只能从品尝世俗的苦果中长见识，扭扭捏捏地接近上帝的启示，至今仍是如此。

对人的罪性和有限性不醒悟，是专制的灵根；意识到人的罪性和有限性，则是民主的起源。

我第一次清楚地看到，向上帝认罪悔改，竟有如此强烈的社会效果。用基督徒的赞美：上帝无所不能，无所不在。

三、

孟德斯鸠在另一条路上与上帝相通，亦获得了不朽的理论根基。他说：

有人说，我们所看见的世界上的一切东西，都是一种盲目的命运所产生出来的，这是极端荒谬的说法。因为如果说一个盲目的命运竟能产生"智能的存在物"，还有比这更荒谬的吗？由此可见，是有一个绝对理性存在着的。

自然法就这样派生出来，代表着超越于人类理性和德性之上的永恒正义。人的原罪和有限性必须被超越，才谈得上正义。换句话说，正义的原则一定存在于人类之上，才有如此大的权柄运用于人类之中，以致于所有人都不能废除它。孟德斯鸠说：自然法把"造物主"这一观念印入我们的头脑里，诱导我们归向他。

人的罪性和有限性之不可克服，一个永恒正义之超然存在，两者实际上是一回事。人承认自己是有限和有罪的，也就表明了有一种超越自己因而可以度量自己的东西，已经被根植在人心中。反过来说，人意识到自然法高于人为法，人为法本身不可靠，也就是意识到人的有限和有罪。

所以，民主和法律的活水源头并不是人的智慧。如果将它们归结为人的智慧，就会落入人的智慧的圈套，导致形形色色的专制主义。我们必须进一步追问它们的至高无上的绝对权威是从哪里来的。答案或许带有神秘性，这正是人的智慧不能尽如囊底的缘故。因为人的智慧若是全知全能的，它就是可靠的了，而事实远非如此。所以大思想家没有一个不是从人的智慧以外，去寻找正义的支点。

四、

我们拜访了美国参议院的专职牧师，名字记不得了。他去过中国，那是四十年代末。他住在南海边一个小岛上，常常搭一条渔家小船上岸去传教。有一天傍晚，小渔船不见了。他找到一个小姑娘，求她帮忙送回去。小姑娘说："你给我唱只歌吧！"他便唱了一只赞美上帝的歌。然后他说："小姑娘，你也唱一只歌好吗？"小姑娘低下头，小声说："我没有歌。"

这位牧师告诉我们，他永远忘不了那个没有歌儿唱的小姑娘，忘不了中国。

他说，美国人民的自由来自上帝。上帝在人们心中，自由就无法剥夺。他引述美国《独立宣言》和《宪法》说：在我们看来，人的权利，包括生命、自由和追求幸福的权利，是上帝赋予的，不是政府赋予的，所以政府无权剥夺；相反，当人的这些权利受到威胁时，人们可以起而反抗，改变政府。

据说，当年美国的缔造者们，尤其是杰佛逊，在考虑民主制度和人权理念所赖以成立的根据时，曾经煞费苦心。若说它们是人们基于理性和道德共同讨论的结果，那么，通过人们的共同讨论就可以将它们推翻。若说它们是不能被人们所推翻的，那就一定有一个超越于人的理性和道德之上的权威，这便是上帝。上帝带着永恒正义扎根在人们的心中，形成了民主、人权、平等的力量源泉。

林肯总统废除奴隶制的主张，最终得到巨大回响，是在他有了祈祷精神之后。他重返政界，大声疾呼回到《独立宣言》，人人平等被造(All men are created equal)，没有人生来是奴隶。他写到：上帝的旨意必胜。他以自己的实践证明，民主道德就是基督道德。

五、

概括起来，基督教作为一种文化，其政治意义至少有三方面：

A.人的原罪性和有限性学说，为社会契约、权力制衡和法制体系的建立，提供了最初的思维诱导和最终的理论根据。

B.上帝按照他的形象造人的说法，使人意识到自己的尊严、自由和平等，这种意识构成一个民主社会不可或缺的心理基础。

以上两者相辅相成，甚是奇妙：一方面，人是尊贵、自由和平等的，享有一系列不可剥夺的权利。另一方面，人又是有罪、有限和有死的，绝不能放任其利欲的泛滥。显然。在上帝眼里，人的被尊重和被限制同等重要。这便是人！

C.上帝作为全能的主宰和绝对的正义，在人心中是超越一切的权威。当人的良知直接与之沟通时，人就获得了独立评判人世间一切事情的勇气、力量和准则。这时，人才具有超越性。

六、

人们的生活和感受总是相互掣肘，惟有当一个人能够从上帝那里汲取精神力量时，他才可以感觉到真正的独立。

人们的素质和机遇不可能平等，惟有当一个人赤裸裸地面对上帝时，他才真实地感觉到自己跨越了一切的等级。

人们的贪婪和狡诈是无止境的，惟有当心灵暴露在无所不知的上帝面前时，他才会有真正的敬畏和诚实。

人本是极容易受到权势的威迫、潮流的裹挟、名利的诱惑和智慧的煽动，惟有当人从上帝那里获得一种超越感时，他才能时时保有一颗坦然清醒的心。

七、

如上所述，基督教信仰对人生和社会的影响，可以说是提纲挈领。

国会牧师告诉我们，两党议员中有百分之四十是虔诚的信徒，另有百分之二十亦常常去教会，其余一些议员也宣称自己信仰上帝。一年一度，他们不分党派和政见，一起向上帝祈祷，重申共同信仰，恪守民主信条。早餐会的确警醒他们：大家本是同根生的兄弟，又不过是奉行上帝旨意的仆人，亦是瞬时而过的罪人。

当然，基督教文化的政治影响，主要还发生在人心里，很多美国人并不常去教堂，但他们普遍尊崇基督精神，相信人有原罪(sin)，相信上帝作为一个永恒正义的源泉，赋予了他们不可剥夺的生命、自由和追求幸福的平等权利。这一至高无上的权威的存在，使他们对自己的政治权利充满自信，自信到常常忽略的地步。

几个月前，BBC的一位朋友告诉我，他曾经问过北京大学的一个学生怎么看待基督教，那个学生说他还没有读过《圣经》，不过他注意到，基督教国家大多是民主自由的，他因此对基督教有好感。

八、

中国文化与基督教文化有一些抵牾。

基督教强调人的原罪和有限之不可克服，中国文化恰恰相反，它对人的品性完美之可能性坚信不疑，相信人可以成仁、成圣或成佛，于是把一切希望寄托在人身上。所谓人文精神、伦理道德，优劣褒贬，概出于此。其中尤以仰赖全能人格的带领这一点，作为政治文化现象，流弊深远。秦皇汉武，历朝历代，多少次，没教训，一时趋为神明，事后劣迹斑斑，一个个像走马灯似的。由此可见，在人治与法治、专制与民主的不同政治制度背后，隐藏着不同的文化渊源。

九、

基督教强调人人平等地被创造，每个人可以直接与上帝相通。中国传统文化中，除了皇帝，个人不能直接与天相通，只有与人的关系；在人与人的关系中，等级有序，君臣父子，上下有别，贵贱有分，长幼有序。在远古时代，因个人有机会直接向皇帝陈情告状，各级官吏还算有些惧怕。

当然，周朝以前的中国文化中，天的观念很强，权威性远在皇帝之上。后来大道既隐，渐渐一并降归皇帝，皇帝称为天子，便很少有什么惧怕了。（孔子羡慕的前2500年尧舜禹文武周公大道之行的文化道统　，与后2500年春秋以降大道隐去后的儒术法学，大不相同，里面有很多靠近基督教文化的元素——2007年补记）。

中国文化逐渐失去心灵的超越性，失去了对永恒正义和绝对公义的普遍信心，失去了超越于一切个人、集团及其理念之上的个人信仰，因而失去了独立评判它们的能力、勇气和根据。

十、

近代以来的中国知识分子开始呼唤民主自由，迄今为止，他们把民主理念作为最高准则，并不考虑民主理念的源头和根据。他们的想法是没有根基的。

他们还不了解西方民主精神的信仰根基，甚至压根就没有意识到民主也是一种精神，是一种以个人信仰为基础的深层文化结构。

他们至今没有看到专制和民主这些词所具有的宗教含义。

民主理念不是属于任何人的，甚至也不是属于所有人的。民主理念有一个更高的隶属，它是上帝永恒正义和绝对公义的社会政治形式，它有一个超越于所有人的智慧和道德之上的来源和根据，所以，它的历史性实现才是任何人即使多数人也不能阻止、抗拒和废弃的。

假如民主是英明领袖赋予的，他就有权改变；假如民主是一部分人奋斗得来的，他们就有权变卖；假如民主是多数人的意愿，多数人就可以废弃它从而欺压少数人。谁给予的，谁就有权拿走。只有上帝赋予的，终究要赋予人，而且谁也不能拿走。

　　惟有以上帝永恒正义和绝对公义的名义；不仅是名义，只有当人们对此深信不疑的时候，民主、自由、人权、平等这些东西才是真正靠得住的。因为只有这时，这些东西才因着人们的信仰和信心的缘故，获得一种超人的、神圣的、属灵的权柄，提炼出并操持住与之相应的社会形式，以保证不致被人的根深蒂固的罪性和有限性所侵蚀、遮盖、战胜。

　　假如中国人没有心灵的升华，没有超越性的信仰，那么，不管体制改什么，怎么改，都难。正是在这个意义上，我在早餐会结束时发言说：中国人离上帝有多远，离民主就有多远。

美国今昔与基督信仰

一、

美国是一个美丽、富饶的地方。然而 Lyman Abott 说得对：使一个国家伟大的，不是其肥沃的土地，而是耕种它们的人们；不是其巨大的森林，而是利用它们的人们；不是其丰富的矿藏，而是开发运用它们的人们。当哥伦布发现美利坚时，美利坚是一块伟大的土地；是美国人民，使美利坚成为一个伟大的国家。

二、

美国人，这是一些怎样的人呢？他们与我们有什么不同呢？众所周知，美国人的先民大多是清教徒，其中的领袖人物，就是被后人称作"完整的人"(Whole　Man)的开国先父们(Founding　Fathers)。所谓"完整的人"，是说"他们的属灵信仰与他们的政治活动是融为一体的。对他们来说，科学、哲学、宗教和艺术之间，均没有一堵墙"。逃离了欧洲的宗教迫害，无疑地，他们都极度恨恶政教合一；但他们个人的社会理念与灵魂归依、政治事业与宗教信仰是和谐统一的。

三、

当年他们的事业就是为自由而战。37岁从英国赶来这块新大陆的潘恩(Thomas Paine)说："哪里没有自由，哪里就是我的祖国"。1776年，他发表了《常识》一书，这本仅有49页的小册子，燃烧了美国人，也改变了怀有妥协倾向的华盛顿(George Washington)、富兰克林(Benjamin Franklin)等人的意志。半年之后，《独立宣言》发表了，自由之战展开了。《常识》后来被列为改变世界的十本书之一。

四、

但是，当我们读《常识》的时候，当我们被美国先父们的自由精神所感动的时候，我们理当知道另一层：他们所追求的自由，有信仰的根基；自由的追求因着宗教信仰的缘故，真正是一桩"神圣的事业"。

"意识到大多数先父们是在强烈的基督教环境下长大的，这一点非常重要。并非每一个先父都是传统型的基督徒，但重要的是，他们关于人的观点(View of Man)有深深的信仰基础：人的权利来自神(God-given)，人是他的创造者的赋予(Endowed)，有自然法和自然权利的存在，人的自由与人的神圣性(Sacredness)紧密相关，自由人的发展与道德信仰的理念不可分离"，等等。

五、

潘恩在他的另一本书《理性的时代》(The Age of Reason)中郑重宣告："我相信一位上帝，再也没有第二位；我盼望在今生之外(Beyond this life)的幸福。我相信人的平等；我相信人的宗教责任在于笃行公义，喜爱怜悯，尽力使被造的同类们幸福"。

潘恩说："我们到底想知道什么呢？难道不正是这个创造物、这个我们赖以生存的宇宙，向我们'传道'说，有一个全能力量的存在，并且掌管和规划着一切吗？不正是这个创造的证据给了我们无限强有力的感觉，比读一切可能的骗子写在书上的东西更强有力地感觉到上帝吗？"在1807年，就是死前两年，他说："我认为我自己在上帝的手中，在我今生之后，他会一如既往地用他的公义和慈爱对待我"。

六、

潘恩和杰佛逊(Thomas　Jefferson)被正统基督徒认为是先父们中间信仰最淡薄的两个人。但是对无神论者来说，他们的信仰已经够扎实了。杰佛逊说："我的确反对基督教的败坏面，但绝不是针对耶稣本人真切的教训。我是一个基督徒，是一个我相信耶稣所期望于任何人的那种基督徒，就是忠诚地、优先于一切地将自己奉献给神，将人类身上一切的优越和美德都归于他"。

我们都知道杰佛逊起草的《独立宣言》里那段著名的话："我们认为下述真理是不言而喻的：人人被造平等，他们的创造者赋予了他们某些不可剥夺的权利，其中包括生命、自由和追求幸福的权利。为了保障这些权利，所以才在人们中间成立政府"。

在华盛顿市的杰佛逊纪念馆里，还有他这样一段话："是上帝给了我们生命和自由。如果人们动摇了'自由是上帝的恩赐'这一信念，一个国家的自由还能不动摇吗？每当我想到上帝是公义的，他的公义不可能永远沉睡，我就为我的国家焦虑不安。"

七、

自由精神与基督教信仰的血肉共躯，在华盛顿身上更为鲜明。1789年4月30日，他宣誓就任美国第一届总统。这天一大早，他便来到教堂祷告，然后在全副武装的仪仗队伴随下，穿过纽约市中心来到华尔街的联邦大楼。那里，国会两院的全体成员和来自13个州的人们正在等候他。他那著名的就职演说的第一句话就是："在这里，我若忽略了对统管宇宙、临在各国、辅佑人类的全能者的炽热的祈求，将是特别不妥的。我炽热地祈求他的祝福，使合众国人民的自由和幸福神圣不可侵犯……"。

在艰难的Valley Forge战役期间，有一天一位农夫路经军营，听见一个非常恳切的声音，走近一看，原来是华盛顿正跪在地上泪流满面地祷告。农夫回家对妻子说："美国一定能自由"！

华盛顿曾经说："离开至高者的介入来理解宇宙的创造，是不可能的；掌管宇宙而没有至高者的手，是不可能的；彻底地理性思考而不通向至高者，也是不可能的。一个理性的存在物将失去理性，如果他在试图陈述伟大的自然现象时排除至高者的存在。"

八、

一点都不难看出，美国先父们为自由而战的根据、勇气、信心和力量，都是来自上帝。对上帝的信仰，使他们对自由的神赋性和神圣性坚信不疑，使独立战争实际上成为一场"圣战"！

九、

美国不仅是诞生于反抗与战斗，更是诞生于宽容和妥协。只是这宽容和妥协，也是来自神圣的信仰。就以那场长达四个月的制宪会议为例，内中的矛盾与芥蒂之多，几近导致会议的流产。当时81岁、德高望重的富兰克林大声疾呼说："大家在这里开会，几乎对每一个问题都有不同的感觉和意见，这证明人类的理性和理解能力是不完全的。我强烈感觉到我们需要真正的政治智能。我已活了很久；我活得越久，越发现上帝掌管人类之间所有的活动这一真理。我们需要上帝的同在。假如一只麻雀没有上帝的允许就不会掉在地上(马太福音10:29)，那么一个自由的国家离了上帝的帮助怎么可能建立起来呢？《圣经》明确告诉我们："若不是耶和华建造房屋，建造的人就枉然劳力(诗篇127:1)"。富兰克林呼吁大家放下私心己见，为永世建立一个好国家，为人类树立一个好榜样。"基于人的理智和容忍是有限度的，他提案每早开会之前，先向上帝祷告，祈求祝福，然后开始讨论。富兰克林平时看起来对宗教并不虔诚，他如此提案，是因为他确实看到了人的尽头"。

十、

如果作一个理论概括，基督教信仰至少在以下三方面，使民主制度和理念，具有了无神论所不能企及的深刻根基，也是其它任何宗教所难以比拟的：

A. 个人价值之神圣不可替代。每一个人都是上帝独特的创造，具有上帝的形象，具有永生的潜能，而且可以"个人化"地与上帝沟通，直接从至高处汲取公义、力量和保佑，从而超越了任何个人、政党和主义的辖制。

B. 自由意志之神圣不可侵犯。"上帝绝不强迫任何人选择他。我们可以选择为自己而活，并在生活中忽略上帝的存在。如果连上帝都容许我们如此选择，那么我们为什么必须要对什么人唯命是从呢？"

C. 人的罪性之普遍不能例外。《圣经》说："除了上帝，没有人是良善的"（路加福音18:19）；"世人都犯了罪，亏缺了上帝的荣耀"（罗马书3:23）。像孟德斯鸠一样，美国三位主要制宪人之一的麦迪生（James Madison）写道："人类生来贪权、自私，所以任何人若大权独揽，必腐败无疑"。

十一、

领导美国人民解放黑奴、完成统一的林肯，不是一个"正统"的基督徒，但毫无疑问，他是一个忠实的信仰者。林肯纪念堂里刻着他那句著名的话："这个国家，在上帝之下，将有一个自由的新生；一个来自人民、为了人民的政府，将不会在地球上消亡……正像三千年前所说的，现在必须继续说：'主的审判真实无伪，且有公义相伴随'"。

林肯废除奴隶制的主张最终得到巨大回响，是在他有了祈祷精神之后。他大声疾呼回到《独立宣言》，"人人被造平等"；他宣称"上帝的旨意必胜！"

后来，林肯的太太玛丽回忆说，在那个剧院，林肯说的最后几句话是："玛丽，你知道我最想做的事是什么？

我想带你去看主耶稣诞生的伯利恒，再去耶路……"，这时，"砰"的一声，林肯与世长辞了。

十二、

上述的一切表明，与其说美国是幸运的，不如说是上帝的祝福。杰佛逊这样说：

"我的上帝！我们享有何等宝贵的祝福！地球上再没有别人享有这种祝福！而我的国人们对此知晓得何等之少！"

自由、民主、信仰，奋斗、宽容、开放，美国先民们打下的坚实根基，使这个泱泱大国在世界历史上罕见的平稳通达中走到了今天。也许，美国最高法院1892年的决议案，正是对我们上述讨论一个恰当的总结：

"我们的法律和宪法必须必要地遵循并体现人类之救赎主的教诲。另外的可能性是没有的。在这个意义上可以说，我们的文明和宪法显然是基督教的……这里是有信仰的人民。这是历史性的真实。从这块大陆的发现直到此时此刻，一个独一无二的声音一直在这样断然宣告……我们到处都发现对此真理的清楚确认……这些，还有其它许多可以列举的事实，便在大量的有组织的声音之外加上了一卷非官方的宣言：这是一个基督教国家"。

十三、

但是，显而易见，今天美国人在淡忘、远离一直福佑他们的上帝。

十四、

1962年以前，美国公立学校学生的祈祷文如下：

全能的上帝，我们承认必须依靠你，恳求你赐福给我们，并祝福我们的父母、老师和国家……

1962年开始，美国最高法院判决：不准祷告，不准读《圣经》，公文不可提及上帝，不能向小学生说圣诞节是耶稣的生日，墙上不许挂"十诫"……最近又判决国会"不准在大学里携带武器"的决议案是非法的。我想起耶稣说末日来临时，"你们看见那行毁坏可憎的，站在不当站的地方"！（马可福音13:14）

后果是什么呢？三十年后：

学生：十至十四岁少女怀孕增加了553%，自杀是青少年第二大死亡原因。

父母：离婚增加了117%，40%的孩子家中没有父亲。

学校：中学标准测试(SAT)成绩下降80%。

国家：暴力案件增加了560%。

十五、

请听美国人自己怎么说：

上帝认为"不道德"的，我们叫做"新道德"；

上帝叫做"败坏"的，我们叫做"成人娱乐"；

上帝叫做"欺骗"的，我们叫做"非正常的社会现象"；

《圣经》称为Sodomy的，我们叫做"另一种生活方式"(Alternate lifestyle)。

十六、

因为上帝是一切真善美的源头，世上的一切便不可能在他的光照之外。耶稣温柔的良善，已将世上一切强大的邪恶都预先摧毁了。他留给信他的人的，是真理和生命的凯旋。

上帝与中国

随着基督信仰在中国广泛传播，随着几千万中国人、其中至少几十万知识分子成为基督徒，一个重大问题自然而然呈现了出来：我们所信的这位上帝与中华民族的历史命运有没有关系？上帝在中国五千年中有没有主权作为？他是否从亘古也是中国人的上帝？

大家知道，自景教唐朝传入至今，基督教与中国人的关系一直处于某种紧张状态。中国人悠久的文化自大心理，近代以来的义和团情结，加上某些教皇和神学家对中华文明的一知半解和不屑一顾，造成了文化、政治和神学上，里里外外一系列巨大障碍，使任何关于基督信仰与中华文明之间具有一种本质联系的论证，无论在官方意识形态下，还是在某些神学架构内，几乎都成了禁区。

今天，这种本质联系再也不能视而不见、避而不谈了。当几十万中国知识分子心中流淌着五千年的血液步入基督之光，这大光怎能不照亮那五千年？悠悠五千年峥嵘岁月，在一颗颗被上帝唤醒的中国心里，怎能被遗忘？怎能成空白？

如果说一些生活在海外、在教会内长大或者只熟悉西方神学的人，从来不曾有机会认真思考这个问题，那么今天，对众多土生土长的中国知识分子基督徒来说，前所未有的神州大使命迫使他们不得不思考了。

一、从福音本质看，基督信仰与中国五千年是格格不入还是息息相关？

基督教作为一种宗教，诞生不到两千年，成长于西方，确实与中国五千年历史文化不甚相关。那些认为基督教是基督教、中国史是中国史、两者扯不到一起的人，不管是无神论民族主义者，还是基督教神学家，也不管他们是有意还是无意，显然都是从这个角度，将基督教仅仅视为一种具有特定历史传统、时空范围、组织结构和专门术语的宗教。

然而没有一个真正的基督徒会同意，他信的只是这样一种宗教。基督徒相信那自有永有、全知全能全善的造物主，他道成肉身，入世拯救罪人，成就了千古预定的普世救恩。在这个意义上，基督信仰与中国五千年，就有一系列本质关系：

按照圣经的上帝观，上帝从来不仅仅是以色列人的上帝，乃是万族之本(使徒行传17:26)，人类之光(约翰福音1:4)，普世之王(诗篇47:2,8)。难道上帝只作犹太人的上帝吗？不也作外邦人的上帝吗？是的，也作外邦人的上帝。(罗马书3:29)

按照圣经的启示观，上帝的一般启示遍及宇宙(诗篇19)，诘问文化(使徒行传17:23)，广布人心(罗马书1:19)，或者可以揣摩而得，其实他离我们各人不远。(使徒行传17:27)

　　按照圣经的历史观，上帝是全人类历史的主宰（使徒行传14：16；诗篇29：10；耶利米书10：10）；现今人类都是挪亚的后代；创世记前十一章记载的，是人类共同史，应该可以在任何一个足够古老的文明中找到痕迹。

　　显然，上帝自古也是中国人的上帝，在中国也有主权作为；中国文化中也有上帝的一般启示；中国人也是挪亚的后代，中国古经中也可以有创世记前十一章的痕迹。

二、从宣教策略看，福音要同中国历史文化分离，还是进入中国历史文化领域？

　　有人说：只传耶稣就够了。熟悉我的人知道，这正是我的坚持；听过我布道的人也不会怀疑这一点。那我为什么还要探讨中国五千年呢？圣经说：预备主的道，修直他的路，一切山洼都要填满，大小山冈都要削平，耶和华的荣耀必然显现，凡有血气的必一同看见，因为这是耶和华亲口说的（马太福音3：3；以赛亚书40：4-5）。这话今天彷佛是在说中国。

　　五四以来的中国，以科学主义、人本主义、民族主义、唯物主义为包装的无神论思潮，遍布政治、历史、文化各领域，其中尤以对中华文明的无神论解读，流弊最深，不仅早已成为举国定论，连一些基督徒也全盘接受了。当无神论者说：上帝只是西方人的上帝，《圣经》只是一本犹太经典；有基督徒也说：中国哪里有上帝的启示和作为？怎能与《圣经》扯到一起？于是未信者就说：基督教既是个洋教，上帝既是这么有限，我为什么要信呢？

　　温故而知新。明末清初，利玛窦、汤若望、南怀仁与徐光启、顺治帝、康熙帝等人，以"天路新凭圣子通、真儒若个不钦崇"的心胸，促成了一个福音高潮。但是杨光先、雍正帝一类人认为中国文化与基督教水火不容，梵蒂冈教皇则认为基督教与中国文化水火不容，于是中国基督徒和西方传道人陷于腹背受敌的悲惨境地，几近全军覆没，中国亦全面闭关一百多年，直到海岸线上响起丧权辱国的炮声。

今天，那个古老的诘问更尖锐了：福音在中国，难道能够永远与中华文明格格不入吗？在中国传福音，难道必须打倒孔孟老庄、诸子先贤吗？中国人信耶稣，难道一定要忘掉五千年吗？

上帝绝不会这么狭隘。耶稣降生时，他用一颗星启示了几个东方学者，却没让一个犹太拉比看见。再早700年以赛亚已预言：看哪，这些从远方来，这些从北方、从西方来，这些从秦国来（以赛亚书49:12）。不错，基督教不过二千年，但耶稣是那太初之道，中国人早就生活在他的普世光照下（约翰福音1:4,9）。

将中国五千年与上帝的主权相分离，一方面违背《圣经》，一方面不符事实，同时也是自绝于中国人民，化友为敌，在中国福音路上制造障碍。

三、从信仰立场看，基督教应有自己一套中华文明解读，还是沿用无神论的一套？

说起来，恐怕没有一个基督徒赞成沿用无神论的一套，可实际上很多人不知不觉、有意无意这么做着。比如说起《五经》《论语》《老子》，说起上帝、天、道，说起女娲、龙，说起某些象形文字，说起二十四史，我们立即想到的总是一些从小学来、耳熟能详的现成解读，这些解读大都出自无神论者之手。你也许想不到，当你随口说道是这个意思、天是那个意思、上帝原意是什么，你说的不过是从课堂学来或自别人听来的一种无神论解释。

神话、古经、历史的解读，本来就见仁见智、莫衷一是。马克思主义一套解读，民族主义一套解读，佛教一套，儒家一套。任何一种解读都有一个先入之见、一个预设信仰，连以色列史在无神论史学家笔下，不也成了一套无神史吗？有神的光照，没有神的光照，对中国古代史料的解读绝不会一样。一个人信主后，生命更新，心意更新，看问题的立足点和价值观也会更新，决不能再延续自己不信主时的一套文化价值观，更不能再根据无神论者的观点来看问题。

在神的光照下重新解读中国历史文化，显然是中国福音进程中的一个需求。中国基督徒不能只是按着无神论的思维方式，围绕中国文化转来转去了。

四、从神学现状看，对基督信仰与中华文明的本质联系，重视还是轻看？研究还是躲避？

也许有人会说，上述原则并无问题，问题在于具体做法。其实，问题在于少有人去做，多有人去批；下功夫研究少，想当然议论多。

上帝在中国历史中有哪些主权作为？上帝在中国文化中有哪些一般启示？中国人作为挪亚的后代有哪些痕迹？人类的叛逆受苦和渴望拯救在中国人身上有什么表现？上帝在永

恒中设立的救恩计划在五千年中国有没有预备？如此等等，均缺乏深入系统的研究。

中国五千年几乎成了基督信仰与基督教神学的一块空白之地。神学家大多不研究中华文明史。中国神学界对中国五千年没多大兴趣。华人神学院也缺少以神光透视中国的课程。几年前买了一本《中国无神论史纲》，心想若编一本《中国有神论史纲》，一定厚许多。可惜无神论者不会做，教会也不做。据我所知，谢扶雅、徐松石等人均有过研究。但整个说来，棍子与帽子远比研究成果来得多、来得快、来得有力。

顺便提一句，为了写这篇文章，我查阅两本圣经分类索引，竟然找不到上帝与人类历史一项，原来在基督教神学体系内，历史只被理解为教会史，上帝只在教会内作上帝。从什么时候起，伟大信仰竟萎缩成了如此宗教？

为了神州福音大使命，中国基督徒不应苟且偷安、自我封闭，应当跟随上帝异象，勇敢踏入中国。在这方面，上帝也需要一批埋首献身者、支持鼓励者和同心切磋者。

五、从具体研究看，当以什么态度、从什么角度研究中华文明和基督信仰的关系？

综观近、现代，研究类型不外以下几种：

第一种是文化性研究，将基督教视为西方文化，研究它与中国文化的异同。这种研究往往停留在学术界，不触及信仰。

第二种是互补性研究。有人认为基督教可以弥补中国儒家不足，甚至可以医治中国病根，如原罪说与救赎说。又有人说旧约圣经全是犹太历史，应以中国古经填充或替换，才好在中国传播。这种研究在当今教会内外已不多见。

第三种是比较性研究。这是一种处于朦胧状态的平行比较：发现中华文明与圣经内容有某些相似之处，便不知是为中华文明自豪，还是为圣经高兴。这种研究很可贵，只是缺少一个根。

人类根系上帝。上帝默示圣经。圣经的真理性千古不移，无需任何补充，不依赖人类证明，也难以平行比较。相反，一切文化、历史、考古、科学，作为人类活动，只能从不同角度、在不同时期、以不同方式，印证或彰显上帝及其话语的真实可信。不错，无需证明的真理，其印证却彰显全地。中国也不例外。中华文明与基督信仰的关系，在我看来完全是印证与被印证的关系。

第四种研究，即印证性研究，以上帝及其话语为根基，不管在中华文明中发现什么，也不管与圣经内容多么相通相近，都只是对圣经真理的印证，或者说，都只是上帝主权在中国的彰显。不是取代，不是补充，也不是模糊不清的平行比较，只是印证和彰显。站立在这个牢固根基上，有什么惧怕呢？对圣经的印证和彰显越多越深越普遍，不是越应该欢喜快乐赞美神吗？你是行奇事的神，你曾在列邦中彰显你的能力。(诗篇77:14)

一朵野花，一只飞鸟，一抹阳光，一滴春雨，在一个无神论者眼里有什么意义呢？但在耶稣眼里，在信耶稣的人心里，它们彰显着上帝的大能，印证着上帝的大爱(马太福音5:45;6:26-30)，更何况悠悠五千年中华文明，岂能没有上帝主权作为的印证和彰显呢？

　　能以中国历史印证上帝作为，以有限文明印证无限真理，以普遍启示印证特殊启示，这是上帝的怜悯。因为若不是他用后者照亮了前者，人就看不出前者印证着后者。若不是在他的光里，我能看见什么呢？也许我会回顾过去、整理自我或评论别人，但我绝对看不出五千年背后他那公义慈爱的巨手，看不见人本主义的茂密荆棘中有他从天射下的缕缕亮光，看不到我们原本并非龙的传人乃是神的儿女，更看不到他曾在我们的叛逆受苦中同我们一起流泪叹息并不住地呼唤着我们……

　　毫无疑问，一个中国人成为基督徒以后应该还是个中国人，一个获得了新生的中国人，一个对中国的昨天、今天和明天有了新光照、新认识和新使命的中国人。作为这样一个中国人，我不能隐瞒不说、也不敢抗拒不做上帝让我看见的一件事，这就是：除了他那慈爱、公义和生命之光，世上没有任何力量可以驱散中国人心中那一团延绵了三千年之久的仇恨、苦毒和死亡的阴影。这件事远远超越着一切政治党派和神学宗派，是一声爱的呼唤，来自十字架上，那个由彼拉多和大祭司一起合成、将耶稣钉在上面的十字架！

福音与文化

～～～～

基督、基督教、基督教文化

一、耶稣基督虽然诞生于两千年前的犹太民族，其本体却在永恒和无限，是超越又主宰古往今来和东西南北的太初之道。

二、基督教不等于基督。基督自有永有，基督教不到两千年；基督亘古不变，基督教有一个建立发展改革的历史；基督是神，基督教由人组成；基督只有一位，基督教分许多派；基督不会犯罪，基督教中有许多罪；自古藉万事万物彰显神性、藉众先知多次多方晓喻人类的，是基督，不是基督教，如此等等。

三、一般宗教研究，仅视耶稣为基督教创始人，并不承认他的上帝位格，故不见基督与基督教之本质差异，只将基督归入基督教之内。

四、注意到基督与基督教的不同，对于福音传播和文化研究非常重要。A. 福音传播：传福音是传基督（传道），不是传基督教（传教）。B. 文化研究：前基督教文化中一般启示的亮光，不仅可能，并且一定来自基督，却非基督教。

五、西方基督教文化，是一种经历过基督福音更新的西方（古希腊罗马等）文化。西方基督教文化包括基督教一切神圣成果和传统，但并不等于基督教。毋宁说，它是基督福音藉基督教（信徒、教会、神学等）进入西方文化各领域（哲学、法学、历史、科学、文学、艺术等），创造出来的一种渗透着圣经精神的文化系统。

六、三者关系：有基督才有基督教，有基督教才有基督教文化。基督是葡萄树，根源在天上，基督教、基督教文化是地上长出的枝子、果子、叶子等等。我们信仰的，是将一切创始成终的基督自己，不是作为"世界三大宗教之一"的基督教，更不是基督教文化。

七、另一方面，我们必须有一个国度的观念。神在地上的国度，有元首基督，他的身体即教会，也包括被他光照更新的基督教文化。有基督必有基督教，有基督教必有基督教文化。基督教文化无疑是神国之领地，却常常被教会领袖和神学家所忽略。

八、耶稣基督的门徒，不管是传扬福音的，牧养教会的，文化更新的，服侍和高举的都是耶稣基督，不是基督教（信徒、教会、神学等），更不是基督教文化。这些不同职份的人也都是耶稣基督所宝贵的，谁也不该轻看谁，只要各人按着基督的拣选，持守异像，发挥恩赐，相得益彰，彰显基督。

福音与文化之定位

九、耶稣基督的福音超越一切文化之上。从本质上说，福音来自天上，是上帝的启示；文化出于地上，是人类的造就。

　　十、福音的真理性不需要任何文化的证明，每一种文化都需要福音的更新（每一种有限性都需要无限性的注入才能结束自身的挣扎而告完成）。

　　十一、这不是说，文化与福音原本毫不相干。任何一个古老完整的文化系统，作为人类心灵的一种展现，即使未经福音更新，内容良莠溷杂，其中也必然包含如下成份：A. 对罪的无奈，B. 对真善美的寻求，C. 对福音有声无声、自知或不自知的期待，甚至D. 上帝一般启示的亮光。

　　十二、福音所表明的上帝对人类的眷顾和救赎，同文化所表明的人类的无奈和寻求，构成一个浑然一体的历史事实，同证上帝的真实和福音的可贵。

　　十三、虽然福音光临人间有一特定时空点，但因其普世性的本质和使命，必有普世性的预备，必有诸多人类历史文化要素的印证。

福音对文化之光照

　　十四、福音不是必须蔑视进而否定文化，乃是必须正视进而光照文化。这是因为文化值得被福音光照。一种民族文化恰如一个民族的世俗生命，基督降世不是来忽略这个生命乃是来重生这个生命。重生就要面对基督之光，现出罪性，震撼理性，启动灵性。

　　十五、在福音光照下，不仅一文化之良莠利害，终于有了来自终极真理的振聋发聩的神圣价值裁定，而且唯有在这种光照下，渗透于诸多文化要素中的上帝一般启示，才能晰晰映出亮光来（人若没有特殊启示的光照就看不出或看不清一般启示）。

十六、任何一个古老完整的文化系统（以中国文化为例），必然包含上帝一般启示的亮光，这是一件不容置疑的事。第一个根据就是上帝的主权。上帝的绝对主权决定了人类文化的本质必定与他相关。上帝从来不仅仅是以色列人的上帝，乃是万族之本(使徒行传17:26)，人类之光(约翰福音1:4)，普世之王(诗篇47:2,8;罗马书3:29)　，历史之主(使徒行传14:16；诗篇29:10；耶利米书10:10)。上帝的一般启示遍及宇宙(诗篇19)，诘问文化(使徒行传17:23)，广布人心(罗马书1:19)，可以揣摩而得(使徒行传17:27)。

十七、第二个根据是圣经记载的历史事实：全人类各民族都是挪亚的后代，创世记前十一章记载的人类共同史，应该在任何一个足够古老的民族文化历史中找到相关痕迹。

十八、第三个根据是古老文化要素本身的印证。任何讨论，最终都必须面对事实本身。就像考古可以印证某一种考古理论，但再完善的考古理论也不能代替艰苦细致的考古。当一种古老文化在福音光照下发出神圣的亮光时，耶稣基督的门徒们理应欢喜快乐。

十九、福音对文化的光照，不仅是发现和发扬上帝一般启示的亮光，更多恐怕是暴露和弃绝罪与死的阴暗，以及这种阴暗中的痛苦无奈和寻找期盼。七集电视片《神州》有五集属于后者。这是因为文化中一般启示的亮光，只是期待等候基督福音（特殊启示）的预备，并非使人得救的福音本身。

福音对文化之更新

二十、当我们谈起米开朗基罗、达芬奇、巴赫、贝多芬、亨德尔、雨果、托尔斯泰等文学艺术家，谈起伽利略、哥白尼、牛顿、爱迪生等科学家，谈起孟德斯鸠、培根、斯宾诺莎、康德、帕斯卡尔等思想家，还有奥古斯丁、托马斯阿奎那、马丁路德、加尔文等神学家，我们无法否认他们对西方文化乃至整个人类文化的巨大贡献，也无法否认这些贡献中深深隐含的基督教精神，然而我们常常忽略这些伟人诞生的宣教学意义。

二十一、上帝的国是耶稣基督藉着圣经启示、信徒见证、教会建造、福音佈道、神学阐释等传向万民，这是不错的。然而这些事情对这个罪恶世界的改造和更新，却是按照A. 个人生命，B. 家庭生活，C. 社区风气，D. 文化氛围，E. 社会环境，这样一层层依次展开的。其中文化对个人和社会影响极大。

二十二、福音更新文化，不只是根据某种基督教神学原则去批评文化了事，首要乃是更新文化人的生命。要有许多文化人认罪悔改，吃喝耶稣，成为新造的人，血管里流淌着耶稣的生命，自然地流露在文化建树中，这是正路。和国内文化人聊天，当他们大谈福音对中国如何宝贵时，我总是引导他们接受耶稣作个人救主，以致有朋友说我传道意识太强了。我深知这不仅是个人蒙福之正路，也是文化更新之正路。

二十三、另一方面，以教会为基地、有文化恩赐的基督徒，也必须走出教会，走入世俗文化各领域。不要以为凡是尽心爱主的基督徒一定只在教会内不在教会外服侍基督。恰恰相反。耶稣从来没有也永远不会只呆在教会（自己身体）里修身养性，我想他也不会喜欢那种只是天天在教会里喊他

主啊主啊的人。神爱世人，即爱全世界的人。他就是为这事
出来的（马可福音1:38）。他的门很小很窄，他的国却很大
很宽。跟随基督不是遁入基督教，天天跪在圣城并不能使人
成圣。跟随基督要走向各城各乡，走向雅典罗马，走向世界
各阶层各领域。

　　二十四、正如人们看到，在福音佈道时，我只传耶稣，
因为福音只是耶稣。但在文化研究中，我涉猎面很广，因为
福音要照亮一切，让一切都归顺耶稣。

　　二十五、过去福音在西方深深影响了社会文化各领域。
一大批一流作品，均出自基督徒之手；几乎所有经典之作，
都渗透着基督教精神。如今福音刚刚在中国传开，福音对中
国文化光照、更新、建树之业，还处于起步阶段。企盼教会
领袖和有识之士，体察神意，尽心合力，促使福音在中国结
出文学、艺术、伦理、历史、哲学、法学等璀璨果实，造就
出一个福音文化氛围，荣神益人。

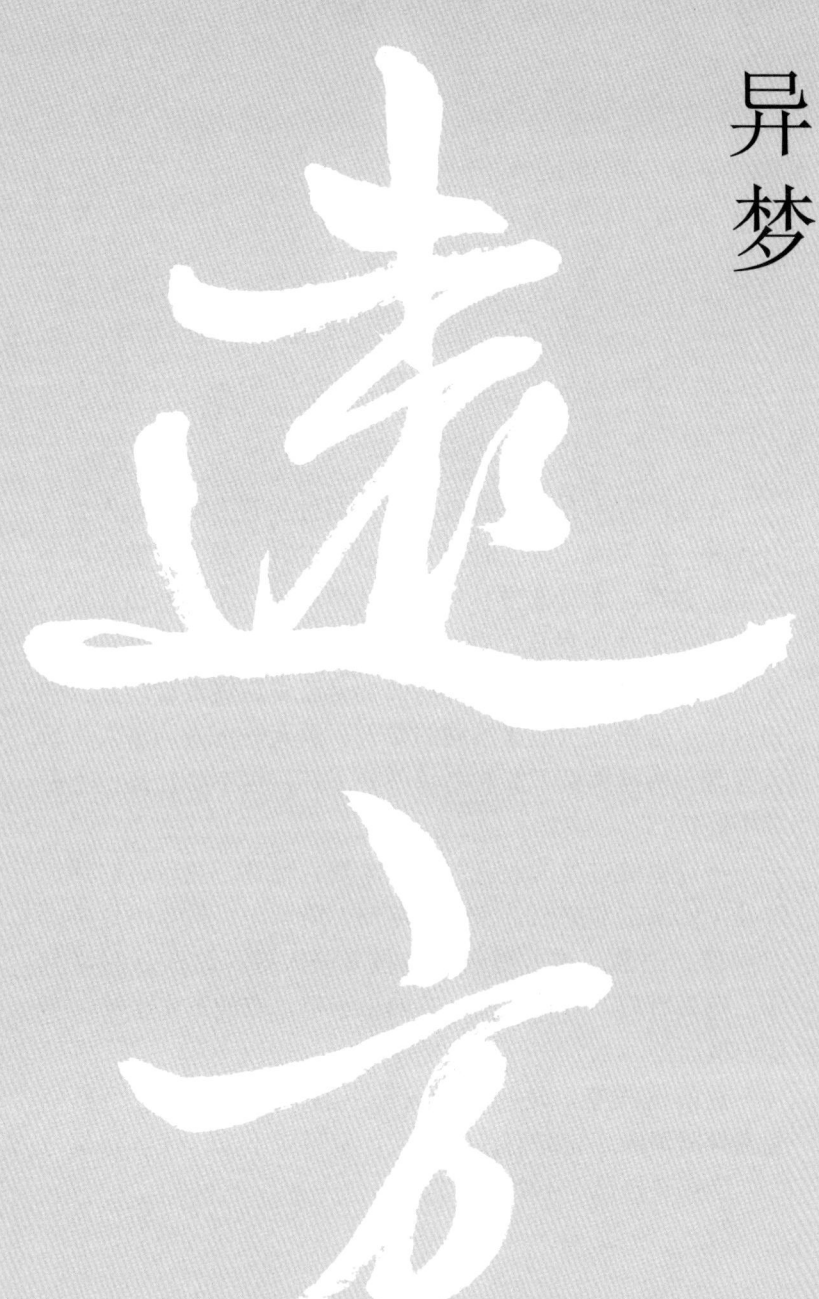

异 梦

远 方

异梦

　　在夜间有人有梦，有人没梦。面对主有人哭，有人笑，有人静，有人跳。祷告时有方言，无方言。赞美时拍手，不拍手，等等。谁对谁错？只有神是绝对的，人都是相对的。常有人得了神的恩典，就以为自己也得了神的绝对，错了！殊不知得了恩典的人，在神里面会更谦卑，更形秽，更自知相对，于是在神里面接纳别的罪人、愚人、下人、小人、敌人等等。所以大家不要轻易说做梦不好，也不要轻易说不做梦不好。

　　圣经里做过梦的人有：亚比米勒、雅各、拉班、约瑟、埃及王的酒政和膳长、法老、基甸、所罗门、尼布甲尼撒、但以理、约瑟、东方博士、彼拉多夫人等。这些梦有好有坏，有真有假，有益有损，有的出于神，有的不出于神，不能一概而论。

　　我的这些梦，是我生命成长中的一部分。每一个都是醒来异常清晰，自知有警示意义，就记录下来。读者获益与否，全在乎自己，不必多虑。

梦1：绿色情境

我上了船，要离国过海，在船上向家人告别。

我站在了一个充满绿色的地方，向下看是绿草地，向上看是绿树叶，四周不远处全是爬满了茂密青藤的楼房。我很吃惊。

醒来仍然惊奇，在中国从没有见过这样的地方，于是向妻子讲述了此梦。

这是1988年底或1989年春的事。1990年夏，一次漫步在普林斯顿校园，驻足一处，环顾四周，突然记起了这个梦，发现这正是我梦见的地方，上下左右的绿色围绕我，真是令我吃惊。

后来，我在这里接触到基督徒，并于一年后成为基督徒。

梦2：神的召唤

昨夜，我曾被恐惧和愤怒摄去。

今天，我又被理性和正义掳走。

冥冥之中，神明藉着我的悟觉呼唤我了：回来吧！回归你自己。

我却茫然。

神于是说，你看到了人的残酷与自慰，贪婪与淫逸，你该替我大喝才对。

啊，神明正在我自己那里等我呢！

一个戴礼帽、三条腿、矮矮的木偶人，昂首疾步，从右向左，如飞一般，我的悟觉稍一懈怠，它便会超出意念的屏面。噢，遇到大海了，那么清澈，它该停下来游一游——却倏地过去了……又有别致的小房子，里面一定好玩——却又掠过了……它变成了四条腿带尾巴的东西，依然飞奔……又像一只鸟了……现在它是一架飞机，但只一瞬，便坠入大海了。完了！……竟又成了一条鱼，还侧过头来张开大嘴朝我笑着！我正想"你究竟要带我心去哪里？"画面突然定格了：左上角后隐着强烈的光，射透了浓浓的海水，鱼，便朝着那光芒洒下的蔚蓝色的一角，停住了。

我睁开眼，茫然中似乎明白了一切。

梦3：另一种生活

我站在地球上。四面八方都是黑空。地球很小。我感受到70亿人口的拥挤，也感觉到了地球的圆度。地球在我脚下转动着，我却不能挪步，否则会踩死许多人。惶恐烦恼无助中，我向天望去，见左上方有一片深邃、明亮、蔚蓝色、无边际、不刺眼的光，远远射过来。那光射进我心中，对我说：

我能让你们过这样一种生活，也能让你们过另外一种生活。到我这里来。

我周身热血一涌，身子一挺，直不伶仃地坐在床上，完全清醒了。

我知道这是谁说的。

以往我对现世依恋太多，对来世盼望不够、信心不够。今天神向我显明，只两句话，叫我心服口服、深信不疑：我将有另一种生活，与神在一起。

梦4：写作资料

资料装进了木箱
我却彷徨
木箱掉进湍急的流水
我顺流追赶
直到海口
抓住了
又失去
却救起一名少年
回到寓所
寂寥恐怖
进错了房间
弄掉了门帘
我赤身裸体
穿过大街
寻找同伴

梦5：见血

这不是梦却像梦一样。

今天是4月28日，妻见血，说明怀孕失败了。

今天是爸爸离世四周年祭日。

四年前的今天，住在日内瓦一间旅店，房间内墙上有血，那时身心俱悴，深感不祥。那一天，爸爸在中国老家去世。

三年前的今天，我在普林斯顿教会受洗归主（主为我流血）。

两年前的今天，我携妻女驱车南下入读神学院（我血偿主恩）。

今年的今天，神拿去那不属于我的，好成全我的使命。

这个日子，为罪为义为审判，自己责备自己，向主献上自己。

梦6：鸟上枝子

梦中在一处水边，看见三、四只鸟飞落在地。鸟是带着枝子飞的，那枝子像一个"开"字，鸟在两横枝之间，鸟飞到哪儿，那枝子就到哪儿。后来，我看到鸟和枝子停靠在一个栅栏边上，我拿起来，进了旁边的一间房子，将那鸟和枝子（这时已变成一个西服袋子）挂在门后墙上，便走进里间屋子，大窗户外面有好景儿。

我飞来飞去，周末在各地下榻，西服也少不了，且一路好景。

梦7：星石

我梦见铺天盖地而来的星石……

有声音说：你赶紧作工，没有几代了。

福音将传遍地极，那日来临。

现代化将全球实现，那日来临。

人性所结的果子已证实，那日来临。

人类为了自己（的享乐）而杀害自己（的生命），那日来临。

人类内斗将息，外患却已作大，那日来临。

人类真正的杀手终于露面，就是他自己，那日来临。

空间、地面、人心，都在失去秩序，失去和谐，那日来临。

神让我看到人类时日无多了，就当抛弃其他，只争朝夕，一心扑在此事上，早日打出耳光，让人清醒过来。

这是人命关天的事，怠慢不得。

在此紧要关口，个人算不得什么了，罪心也失去意义。

梦8：三匹马

我看见凌空飞过三匹马。

梦9：蛇们

我带孩子回家。有蛇窟当道，要我救它们，不然不放我。我认识它们。便对头子说：你们当如何如何。说完转身并没有回家，只是到另一边，所谓人的世界（正义者一边？）。有人在卖东西，其中也有书，想给孩子买点什么，忽然东方天空中大争战，众人都翘首观看。我心里明白。一会儿，胜利者（是光明世界还是这个世界的标志？）凯旋归来。我却知道，那蛇们已经走脱了。

梦10：两条蛇

停笔两周后，又开始写《神州》。动笔便是刘邦建汉朝，史记记载刘邦是一条龙种，有龙相，又斩了白龙，自称赤龙等等。

午睡时，梦见一个儿时同乡，拿着一把剑，进了我的屋子里，要杀我。我与他讲了一番话，大概是叙旧，说他搞错了，等等，他就把剑交给了我。他要离开，我上前握手告别。他拥抱我时，从背后拿出一把匕首，刺向我，我躲开问：你为什么还要杀我？他说：我非杀你不可，因为你知道我们弟兄两个的底细。我把他的匕首拿过来，他就走了。

梦11：楼洞内外

在一个福音营里，与一少时好友一同起床，轻飘地飞了起来，像往常梦中一样。好友却不能。我飞到一个楼洞里，遇一个气功师与苏晓康在一起。我说，气功师不会飞，没想到气功师飞了起来，又发功。我躲他，他向我伸出又长又弯的大手。我逃走，想出楼洞，却无门。此时气功师追来，我忙说，有苏晓康电话，他转身回去喊苏。苏来了，上楼去接电话。气功师又逼近我，面目狰狞像一古猿，右手拿一铁盘，顶在我后背上，吸我身上精气。我惊恐至极。那人笑着教训我……。然而我一想到神，那人的功力就渐小。后来我与那人面对面，心里开始喊耶稣、耶稣，信心虽然不足，那人也依然狰狞，却丝毫不能伤害我。后来，见蔡太太（在普林斯顿领我信主的）等一群人坐在那里，我过去说，此人功力很邪，他们无言。气功师诬告我：这个人说气功与信神相互补充，蔡太太等人仍无言。然后我和另一人一起飞起来。我惊喜他也会飞。我们想飞出楼洞，但没有门，都是墙。我一碰那墙，墙如纸一般开了。出来，曙光，绿茵掩映的街上，走着一些敬虔的人，他们去聚会。我一抬头，见楼上一个明亮的窗口里，妻女正微笑着冲我招手……

梦12：夜宿深圳

听说耶稣来了，几乎无人信。听说耶稣进了监狱，人们更加不信了。很快又听说耶稣被犯人们打死了。这时，倒有些人信了，因为据说耶稣死的日子，正是他以前说过的。

村边一个土埂上聚集了一群人，耶稣在讲话。我凑过去，听了一段，心想：这不是福音书里的话吗！正想着，就听耶稣说：你们不明白！

噢，这是一句新话！我心里想。这时耶稣向我走来，亲切地看着我，问：冯秉诚怎么没来？我赶忙回答：他大概不知道，我会告诉他。

我和朱方抬着一个萝筐，绕到村子的另一边来挖土。那里的房子似乎要翻盖。我说：埋两个人需要两筐土。朱方说：把这一筐装得满满的也可以。

梦13：13章26节

我说：主啊！看见你的道被扭曲，我心痛。

主说：我的心更痛。

我说：求主向他们说话。

主说：我的话我已经亲口说过了。

我说：他们不听怎么办？

主说：告诉他们，不要等到那一天才听。那一天听到的是13章26节。

我赶快查《马太福音》这一节，是：到长苗吐穗的时候，稗子也显出来。

我说：感谢主！

对啊！稗子就是不结果实的。我想起保罗说圣灵的果子。

梦14：一动物

房子建在高坡上。房前洪水汹涌，漫至地基。一批高大的古船顺流漂去。

家里收养一动物，像是某某某带来的，一尺多长，如壁虎状，我心不悦，人们却宠它，抱来抱去。一会儿好像是真的，一会儿好像是假的。后来它变大了，吃东西吃的满脸都是。我将它放在水里，有什么东西托着它。我看它像我的孩子，它说"我叫娃娃"……

梦15：奇异希望

在游行观摩台上，突然找不到提包和相机等，心里急，到处找，找不到，心里又觉得有一丝希望，回寻以前去过的地方，仍无果，然而心底仍有一丝希望。虽然至终没有找着，但是至终心底存着那一线希望。

醒后才恍然大悟，那一线希望，原来就是醒来。梦中不清楚，但"醒来"是存在着的，即使在梦中，仍有"醒来"的一线影子，所以总有一丝模模糊糊的希望。

人生不也是这样吗？在缺憾、不安、甚至绝望之中，总是似乎有些什么希望在隐隐等待着呢！

尘世间生命的丧失，犹如睡梦中提包的丧失，四处八方无法寻回。然而似乎总有一线希望存留在人心底隐秘处。那是什么？（传道书3:11）那不是在其中，乃是在其上。当尘世或睡梦醒来时，便确凿了。

今世必须找的东西（如回家的路和家门钥匙），你不能不找。

然而今世找不到的东西，就不要在今世找。

梦16：升降

入睡前读完《罗马书》1-8章。

一个高耸入天的断桥墩。我站在一截断桥上，顺着断桥墩向上升，越向上升，桥墩越细，断桥越短。我头晕目眩，突然落下，坠向地面。我抬头看见神的蓝光，但身子依然飞速下坠。

你是沉溺在世俗里呢，还是升上来我这里？

我要升上去，落下去就摔死了！

就要与世俗一刀两断，像奥古斯丁那一瞬间在花园里。

我立时下了决心，但似乎仍有一丝牵挂，身体继续往下落…

你的灵可归我，但身体马上就死，可以吗？

不，我的神，我要服侍您一辈子！我就断了所有的世俗性情吧！

但身体仍上不去，继续下落。我努力，仍不行。

突然，神就在我身边！我猛然发觉神就在我身边，与我面对面冲我微笑。我立即就依偎在神的怀里，如释重负，泪流满面。

梦17：雪中独行

梦见自己一人在雪地上行走，那雪无边无涯，似乎覆盖宇宙，布满穹苍。我向深处走去，不知所以然……

圣洁？我知道自己多么不圣洁。

先从家中做起 。刚刚祷告时，神提醒我。

梦18：柔卑得力

仍在师部当干事，意识到一无成就，调来调去，人到中年，滞步不前，不免伤感。

我有一股模糊的强大后力，隐而未显，无人知悉。

生产队里，我突然想到只要极度谦卑软弱，就能吸取别人身上的能量。我靠近一人，一卑软，全身就像充电一样，又近第二人，又有同感。

在外间，几个人正说神迹是假的，因为一些有伤的产品竟无伤卖出去了，他们怀疑是骗了人。我信心充足，走上前去，用手一摸产品上伤残的地方，就好了。他们都大吃一惊。

梦19：宝石

我在海边看见一块石头，枕头大小，不规则的菱形，浑身晶莹，玲珑剔透，正是一块宝石。我抱起来，往家走，心想放在后院里多美啊！可是越往家走，那石头越小，还向下滴水，快到家时，小得只剩下一半了。我一细看，原来是一块冰。

神不让我贪爱世物，哪怕是最美的宝物。

梦20：打伤自己

梦中几个年轻人欺负我，其中一人用拳头打我，用脚踢我，我却不疼。他打了一阵子，停下了，我说，现在轮到我了，一拳打出去，我的手一阵剧痛，立即醒过来，原来我的拳头击到床头柜角上，出血了。

立即明白了神的意思：谁欺负你也无妨，谁打你也无伤，因为是在虚幻梦境里（今生）。唯有你一还手，就会真实（灵魂）伤害你。原来神看今生物象为虚幻，看永生灵魂为真实。

梦21：冲到床下

梦中漫步在旷野。忽见一群人在赛跑，几个人快要冲到终点了。那终点是一个横杆，离我不远。我心中一动，起步冲过去，先于那几个人翻身跳过横杆——我一下子醒过来，身子已经翻到床下，后背划了一道伤口，伤疤至今犹见。

不参与任何争竞，以免获得此间（世界）虚赢，落得永世（灵魂）真伤。

梦22：钻石与活鱼

有一种圆形石头叫Geodes（不知中文名字），这种圆石里面是空的，常常藏有水晶体。

2010年3月10日夜，梦中传说世上有两块Geodes，里面不是水晶体，而是人间罕见的大钻石。不知谁弄来一个，本来只有橄榄球大小，从一头锯开后，变得像个大水缸。里面满了水，水中游着几条一尺左右的活鱼。人们倒掉水，把鱼一字摆在地上，却不见一粒钻石。大家都很失望。这时，见鱼旁边有一块紫色石头，枕头大小，未及细看，已脱落成两三块。又有人从怀里掏出一块晶莹的石头，也不是钻石。于是有人说，钻石或许在鱼肚子里……

醒来时这梦没有如常隐退，异常清晰。稍一回味，恍然大悟，顿生悲哀。

第一，梦中人们传说、寻找、关注Geodes，完全是为了里面的钻石。

第二，他们没想到Geodes里面没有钻石，却是水和鱼。

第三，没有人在意这些水和鱼，竟然倒掉水、扔掉鱼。我也没在意。这正是悲哀之所在。

第四，在漫长的历史中，密封于圆石里面的水和水中一直活着的鱼，不是比钻石宝贵亿万倍吗？这显然是一件令人震惊的神迹啊！这显然是一种不可思议的生命啊！那水，也许人喝了就永远不生病，那鱼，也许人吃了就永远不会死。可是梦中人却集体无意识地麻木着，全醉心于相比之下微不足道的钻石！

进一步思考：

钻石，代表财富、运气、世界。

活鱼，代表生命、救恩、神迹。

不言自明，世人追逐的是钻石，忽略着生命。世人渴望的是运气，错过了救恩。世人看见的是世界，看不见神迹。更有甚者，有人竟想剖开鱼肚找钻石，彷佛信仰不如玛门，信主是为发财，这样在永生救恩里只谋取今生利益，不是比杀鸡取蛋还要愚蠢一百倍吗？

再进一步思考：夜间梦境，是今生今世。清晨醒来，是永生永世。将来在永生永世里回首今生今世，人们一定会生出许多后悔，会发现人间可慕之人、可夸之物、可喜之事，原来是可怜之人、可叹之物、可悲之事。反过来，大家轻蔑、忽略的，则是至尊至美的。耶稣说：人所尊贵的，是神看为可憎恶的。